U0927927

互联网思维模式下的消费经济发展研究

易楚斌　陈　颖◎著

吉林人民出版社

图书在版编目 (CIP) 数据

互联网思维模式下的消费经济发展研究 / 易楚斌，陈颖著 . -- 长春 : 吉林人民出版社 , 2020.10
ISBN 978-7-206-17795-8

Ⅰ . ①互… Ⅱ . ①易… ②陈… Ⅲ . ①消费经济学 Ⅳ . ① F014.5

中国版本图书馆 CIP 数据核字 (2020) 第 231731 号

互联网思维模式下的消费经济发展研究

HULIANWANG SIWEI MOSHI XIA DE XIAOFEI JINGJI FAZHAN YANJIU

著　　者：易楚斌　陈　颖　　　　封面设计：陈富志
责任编辑：周立东　　　　　　　　助理编辑：李子木
吉林人民出版社出版 发行（长春市人民大街 7548 号） 邮政编码：130022
印　　刷：定州启航印刷有限公司
开　　本：710mm × 1000mm　　1/16
印　　张：12　　　　　　　　　　字　　数：224 千字
标准书号：ISBN 978-7-206-17795-8
版　　次：2020 年 10 月第 1 版　　印　　次：2020 年 10 月第 1 次印刷
定　　价：49.00 元

如发现印装质量问题，影响阅读，请与印刷厂联系调换。

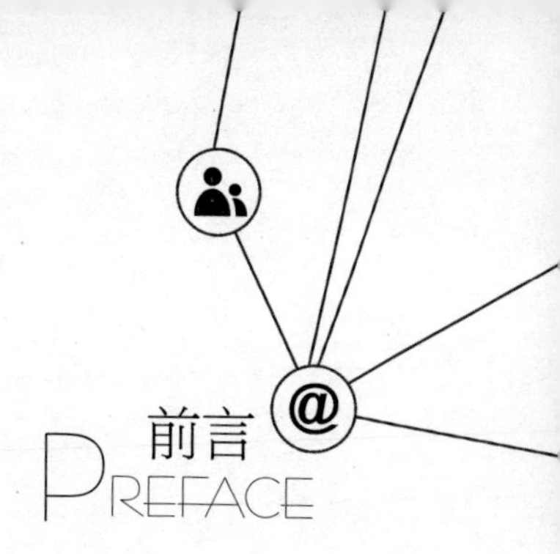

前言 PREFACE

伴随着社会的不断发展，我们的生产生活中出现了移动互联网、大数据、电子商务、社交网络等事物，无论是在普遍的生产和交易过程中，还是在信用和金融领域，都体现了数字技术对当今经济运行模式的深刻影响。从门户网站革命到电子商务爆发，到移动互联网联通万物，再到大数据覆盖全球，互联网经济潮涌全球，竞争已经白热化。

互联网经济是在工业经济基础上发展的经济新形态，现在还处于发展的初期，但是发展潜力巨大。互联网经济在与传统的工业经济的融合中不断改造和提升传统经济的运营模式，并逐步形成和深化着自己独特的商业价值。互联网是以应用和模式创新的方式来推动经济发展，这导致互联网经济更加关注消费市场、关注消费者的满足程度，加重了互联网时代“买方市场”的市场格局特征。

伴随着互联网价值经济的挖掘，互联网经济下的供给和需求都在发生着重要变化。消费需求呈现自主性、个性化、多样化、现实性、互动性等时代特征。为适应需求的变化，我国提出了“供给侧改革”的改革思路，在适度扩大需求和适应需求的“两适”思路下，开展供给侧的结构调整。这些重大的变化和调整都是传统经济学中没有深入研究的新问题。

本书由易楚斌、陈颖共同撰写，易楚斌负责第一章、第二章和第三章约12.4万字的撰写工作。陈颖负责第四章和第五章约10万字的撰写工作。将互联网与消费经济结合讨论完成全书，由绪论、消费关系及方式、互联网新经济发展模式、互联网消费经济新模式研究、互联网消费经济发展与应用等部分构成，全书主要研究互联网模式下的消费经济，分析电商近年来的发展趋势，对从事经济领域的研究人员和研究互联网经济、电商经济的专业人员有学习和参考的价值。

但由于互联网经济是新兴发展产业，很多方面还在持续发展变化，笔者学识尚浅，时间仓促，因而本书难免存在不足之处，敬请专家学者与读者们批评指正。

目录

CONTENT

第一章　绪论

第一节　消费经济学基础

一、消费经济结构

（一）消费结构的含义

在一定的社会经济条件下，人们（包括各种不同类型的消费者和社会集团）在消费过程中所消费的各种不同类型的消费资料（包括物质资料和服务）的比例关系，就是消费结构。消费结构有实物和价值两种表现形式，消费结构的实物形式是消费结构最基本和最原始的形式，指的是人们在消费中，消费的一系列消费资料和消费服务的实物名称及它们各自的数量。研究实物消费结构既可以从吃、穿、住、行、用等满足基本需要方面，也可以从满足享受需要和发展需要方面等不同角度和不同层次进行分析。研究实物形式的消费结构有利于我们制定各种不同类型的消费资料生产计划和政策，为消费品的开发、生产和发展提供依据。消费结构的价值形式是以货币额表示人们在消费过程中消费的各种不同类型的消费资料的比例关系，在现实生活中具体表现为各项生活支出。研究消费结构的价值形式可以计量不同类型消费资料和服务在消费总量中的支出比重，有利于组织消费品的生产和流通，实现国民经济的实物与价值的平衡。通常而言，实物形式的消费结构决定价值形式的消费结构，而价值形式的消费结构反映（或近似反映）实物形式的消费结构，而且可在一定程度上弥补实物消费结构中某些消费品不可比的缺陷。但是由于价格、分配方式的变化及商品化程度各自的差异，消费结构的实物形式和价值形式之间也存在一定程度的差异。

（二）消费结构合理化

实现消费结构合理是一个系统工程，既要提高消费者素质，倡导科学、合理的消费观，又要从发展经济上创造一系列条件。

1. 改革分配制度、提高收入水平，促进消费结构升级

消费结构的合理化相当程度上决定于收入分配的合理化。在消费倾向既定的情况下，居民实际收入水平直接决定其消费支出水平，而广大居民的消费支出水平又直接决定消费结构。人们有支付能力的需求是不能超越其收入总额界限的，只有收入水平提高，才能突破原来的界限，提高消费水平，实现消费结构升级和消费结构的合理化。我国应调整收入分配结构，改革分配体制，提高广大居民的收入水平，尤其是提高农民和城镇低收入阶层的收入。对劳动者的报酬分配，应坚持多劳多得、少劳少得、不劳动者不得的原则。将生产要素、经济要素和国家税收调节、转支付调节相结合，鼓励和引导合理的超前借贷消费。在适当拉开收入差距的同时，应尽量减少行业、区域、城乡间收入分配不公的现象，对收入过高的行业和人群采取多种措施加以遏制，避免居民收入差距的扩大对消费结构运动的逆向效应。同时，由于高收入阶层能对其他收入阶层产生较强的示范效应，因此，应引导高收入阶层的消费结构合理化，使他们能更文明、科学地消费，有利于促进消费结构的良性运动，更好地调整消费结构。

2. 增加有效供求

有效供求是消费结构合理化的基本保证。追踪消费者偏好的消费需求，有效地满足他们的需要，有利于调节消费结构。首先，应按城乡、收入等不同标准进行市场细分，优化供求结构，调查并预测不同群体的现实需求和潜在需求，以此组织生产和经营，创造出有效的供求，逐步改变目前产品的结构性过剩与结构性短缺并存的现状，而且应紧紧抓住农村消费市场这一容易被忽视的关键点，提高供求结构中适合农村居民消费的商品的比例，增加供求的针对性。其次，产业结构合理化是围绕消费结构合理化进行的调整，应积极调整产业结构，依靠科技进步，创新供求，以引导消费合理化。再次，不断开发和创新产品品种，尤其是差异化、个性化的产品，使低水平、低档次的消费品逐渐淡出市场，引导并激活居民的消费向个性化、合理化发展。最后，应提高供求质量，规范供求价格。全球化市场竞争日益激烈，商品和服务的质量成为各国竞争的焦点，增强质量观念、严格质量标准变得尤为重要。我们应抓紧改变目前的供求状况，否则因质量而造成的产品过剩将更加严重。

3. 加大消费的精神文化含量，提高精神文化消费力

精神文化消费属于满足发展资料和享受资料的高层次的消费，精神文化消费的不断增加，是消费结构合理化的重要标志。改革开放以来，我国城乡居民用于精神文化消费方面的支出不断增加，但目前我国精神文化消费领域仍存在消费结构不合理、产品质量参差不齐等诸多不尽如人意之处。因此，不断增加精神文化消费产品的数量，提高精神文化消费产品的质量，是优化消费结构的需要。为此，一是应增加教育消费，努力提高消费者的消费能力和层次。教育消费支出的增加，不仅使消费者的知识文化水平得到提高，而且使消费者消费能力得到提高，进而增加对精神文化消费的更高层次需求，增加消费结构中精神文化消费的含量。二是应加快精神文化消费，特别是公益性精神文化消费硬件建设，主要包括博物馆、科技馆、文化广场等面向广大消费者的文化娱乐设施和场馆的建设。三是应加快推进精神文化产业发展，增加精神文化产品的品种和数量，提高精神文化产品的档次和质量，不断优化精神文化产品的供求结构，满足消费者多层次、多样化的精神文化消费需求。四是强化精神文化市场管理，建立一套自上而下的精神文化发展和消费调控的监督机制，改善精神文化市场环境。良好的精神文化市场环境是提高精神文化消费质量，增加精神文化消费总量的必要条件。我们应进行经常性检查、监督和指导，避免盲目性和短期行为，坚决禁止制造和传播精神文化垃圾的行为。

4. 树立科学合理的消费观

居民消费结构合理化还与人的消费习惯和消费习俗相关，因此应教育和帮助人们树立科学合理的消费观，通过教育体制改革，倡导全面终身消费观教育，进一步提高全民消费素质，不仅在全国范围内组织精神文化教育，而且要开展多种形式的培训与普及活动，激发人们树立科学合理消费观的自觉性和积极性。树立科学合理的消费观主要表现为：一是确立崇尚俭朴、享受适度消费、合理消费的观念；二是树立绿色消费、生态消费观念。倡导和发展绿色消费是促进消费结构合理化的重要举措，应广泛开展绿色消费的宣传活动，增强全社会的绿色消费和环境保护意识。

5. 制定合理的消费政策，进一步改善消费环境

首先，要积极慎重地推进社会保障制度的改革，注意把握居民的承受力，引导居民树立对未来收入的科学分配。其次，在现有基础上制定能进一步增加农民实际收入的政策。再次，引导消费的政策，要按照消费结构升级的状况，对不同地区的不同消费者群体进行不同程度的引导，通过改变消费观念、进行

消费示范和实施消费信贷等办法，对不同的消费品消费进行引导。另外，应彻底清理和废除一些限制消费的政策、措施，打破行业垄断，培育平等竞争的市场环境，还要进一步整顿市场经济秩序，营造放心的消费环境。

（三）合理调整产业结构，促进消费结构优化

产业结构与消费结构互相关联，产业结构变动直接影响消费结构变动，从而进一步影响产业结构和产品结构的调整，形成实现全面小康消费结构的供求基础。

1. 合理调整农业结构

消费品的很大部分直接或间接来自农业。要加大科技投入，调整种植业结构，继续保持粮食稳定增产，发展其他作物的生产；调整畜牧业和种植业结构，要大力发展畜牧业，发展草食动物饲养业，发展牛、羊、禽的生产；加速发展水产业，利用各种水域，如江河、水库、池塘和近海水面发展水产养殖，按照社会需求的方向来发展农业生产，合理调整农业内部结构，以符合日益优化的食物消费结构需求。

2. 合理调整轻重工业结构

要发展食品加工工业，特别是要发展深度加工，继续开发营养品、保健食品、疗效食品和方便食品；调整纺织工业结构，发展毛纺、麻纺、丝织、呢绒、化纤等行业，发展中高档服装加工，并在花色、品种、式样、质量方面下功夫，使产品呈现多样化；合理调整日用品的生产结构，要稳定发展一般日用品的生产，稳定发展中低档家电用品、保健用品和文化用品的生产，促进耐用品的新产品开发和更新换代。另外，要发展装饰材料和装饰用品等行业，还应调整重工业及其基础工业结构，加强基础设施建设，加强新技术、新材料及新设备仪器工具和设备智能自动化发展，交通、能源、电力等设施建设，特别要加大农村公共基础设施建设，优化农民的消费环境，加快发展农村商贸服务业。

3. 加速发展第三产业

在全面建设小康社会阶段，应重点改变第三产业内部水平不高，即第三产业内部过多地向生活服务业（如商业、餐饮业）倾斜，而高层次生产服务业（如金融、保险、信息技术服务等）比例过低的状况。不论是城市还是农村，这些行业的发展都仍落后于我国人均收入水平所决定的经济发展阶段的需要，特别是农村，信息服务业的发展空间很大，因为农业生产的市场导向加大了农业的市场风险，强化了农户对信息服务的需求。因此，大力发展信息服务业，

有利于农业生产的发展和农民收入水平的提高。各级政府应加强对农村经济结构调整的组织和指导，帮助农民分析、把握市场走势，选好适用品种，获得资金和技术、管理支持，找好销路等。

二、消费方式

（一）消费方式的内涵

消费方式是生活方式的一种，人类的各种活动不仅包括以消耗或享用物质生产过程创造出来的产品为基础的消费生活，还包括价值观、家庭生活、社会交往和政治生活等其他方面的生活。在现代社会，生活方式主要通过消费方式表现出来。

消费方式是消费者消费需求满足程度所表现出来的方法、途径和形式。从微观主体视角看，消费方式是指消费者在消费能力和消费环境一定的情况下，通过获得产品、服务和体验所表现出来的消费行为。从宏观社会视角看，一定的消费方式反映某社会一定时期消费品数量的丰裕程度和消费品质量的高低，从而折射出某一社会整体的消费水平和消费结构的合理化程度。

（二）影响消费方式的内在因素

1. 消费者消费意识因素

人类有本能的生存消费意识。人类的一切消费行为是由人类自身的消费意识决定的，即人的消费意识决定人的消费行为，个性的差异决定了消费意识的差异，直接影响其购买倾向和消费活动，从而导致消费方式的差异。健康的消费意识形成健康的消费方式，有利于拉动高科技的发展，拉动社会的公共生活消费（如航空、高速公路、高速铁路的消费发展）。

在维持人类生存消费和生命延续的消费需要基础上，人类有不断提高消费需要的意识，牵动科研生产消费的发展，不断创造出新的消费品，从而导致消费方式的不断更新。

2. 消费者的人口学因素

消费者的人口学因素主要包括消费者的性别、年龄、文化程度、职业、种族等。消费者是理性活动的产物，不同性别、年龄、文化程度、职业、种族的消费者，其消费方式存在显著差异。

文化程度是消费者品位形成和区分的重要机制。品位是对物品的鉴赏判断力，不同程度的文化表现为不同品位的消费方式，而这些品位能从日常生活中表现出来。有学者曾经对高、中、低三种文化程度的家庭，就厨房消费品位进行实证研究。结果表明：文化程度较低的一组家庭，强调厨房的实用性、效率性，强调厨房物品颜色的统一；中等文化程度的家庭强调厨房的审美风格；文化程度高的一组更强调自我表现的空间，厨房布置注重实用和个人表现之间的平衡。其实，消费者个人的文化程度，作为一种潜意识的因素，不仅表现在日常饮食、着装、购物、休闲娱乐等方面的消费行为的差异，还左右特定的消费行为，并且这种特定的消费行为在一定程度上界定了消费者个人在受文化教育程度上的自我认识，并通过消费方式建构自己的身份。

（三）影响消费方式的外在因素

1. 自然生态环境因素

自然生态环境主要包括地理环境、资源状况、气候及自然条件等方面。自然生态环境通过影响消费者的消费习惯，直接影响其消费方式，一定的消费方式总是具有一定的地域性特征。比如，沿海居民、江南水乡周围的居民对水产品情有独钟，而蒙古族人更钟情于牛羊肉。人类的三大消费与自然生态环境息息相关。自然生态环境是消费的外部自然存在形式，人类在消费和创造消费的一切消费实践活动中，认识自然生态环境，适应自生态环境，不断生产创造消费品，从而不断更新消费方式。

2. 经济因素

经济因素主要是通过社会生产力水平、市场供求结构、市场价格等因素对消费方式产生影响，经济因素是影响消费方式的最主要和直接的因素。

从再生产的视角看，决定消费方式的主要因素是由一定的生产力和生产关系构成的生产方式。上层建筑的政府代表社会总的生产方式和生产关系，代表总的消费社会生产力，代表国民的根本利益，以法律法规、政策确定社会成员的收入方式和社会财富的再分配及社会保障方式，并依靠国家法律和政策制定规章、制度、纪律，依据三动力（物质动力、精神动力、信息动力）制定具体分配政策和奖励政策，严格制约着个人或家庭的支出规模和支出方式，进而直接影响个人或家庭的消费意识和消费方式。

市场供求决定了市场价格，而市场价格的变动直接影响到消费者的实际购买能力。在收入一定的情况下，商品与服务价格的波动与居民消费水平相关。一般情况下，消费者在选择商品与服务时必然考虑价格的变动情况，进而影响消费方式，如城市住房价格的大幅度上升，催生了住房贷款消费方式。因此，某一特定消费方式的产生与发展，很大程度上取决于这一特定商品与服务价格的变革。

3. 社会因素

社会因素主要包括风俗习惯、宗教信仰、民族传统等方面。社会因素通过影响消费者的衣、食、住、行来影响消费方式。

就风俗习惯而言，风俗习惯是人类在长期的经济社会实践中，因思想、感情及其他社会活动的需要，历代相沿而形成的，具有一定的节奏性、稳定性、普遍性和长期性，如除夕守岁、八月十五（农历）吃月饼、元宵节吃汤圆、端午节吃粽子等。随着时代的变迁，一些旧的习俗被放弃，新的习俗不断形成，人们的消费方式因此不断变化。

4. 文化因素

文化是社会的个性，既包括价值观、道德、社会舆论等抽象的概念，又包括社会所生产和重视的实质物品和服务，如食物、衣服、艺术和运动等。文化是一面“镜子”，人们通过文化审视产品，决定消费者对不同活动和产品的总体偏好，从而影响消费者行为和消费方式。

消费价值观是影响消费方式中文化因素的核心内容。在消费需要的提出、消费资料的获取和消费实现的方式等一系列过程中，都贯穿着消费者的价值观念，并且这种观念通过社会舆论、传统习惯和内心信念等调节着人们的消费方式，在一定程度上影响消费行为。因此，即使同一商品与服务，由于消费价值观的不同，不同国家、不同地区、不同民族群体的消费者仍然拥有不同的消费方式。社会舆论与某种消费方式的价值判断正相关，这源于消费者的趋众心理，社会舆论通过消费者的趋众心理，对某种消费行为产生作用，从而引导消费方式的发展。

5. 制度政策因素

消费方式与国家的各项方针、政策、法律制度等因素密切相关，如消费所有制，规定了个人对消费资料的所有、占有和使用的关系，规定了现实消费的来源、性质及其多寡的不同，决定了消费的水平和结构的不同，从而决定了消费方式的不同。

任何社会的收入分配方式都是由一系列复杂制度因素决定的，如产权制度、税收制度、社会保障制度等。分配制度直接影响收入水平，而收入水平是影响消费方式的一个最重要的参数。经典的消费理论表明，收入水平决定了消费者的有效货币支付能力，进而决定了消费者消费需求的满足程度及其实现方式。事实证明，改变消费者的收入分配格局及消费者所拥有的资产状况，可以影响消费品价格变化与消费者预期，同时可以影响消费市场的供求变化，进而影响和作用于居民的消费方式。

第二节　互联网经济基础

一、互联网经济概述

（一）互联网经济含义

互联网逐步形成了全新的网络空间，共同构建和平、安全、开放、合作的网络空间，建立多边、民主、透明的全球互联网治理体系已经成为目前互联网治理的重要内容。互联网的发展涉及政治、经济、社会、文化、安全等多个领域。

互联网经济是互联网在经济领域创新性发展和应用的表现，也是我国依照“积极利用，科学发展”的互联网发展思路，逐步形成的一种新的经济形态和产业业态。

目前，国际上对互联网经济的界定并不统一。一般意义上认为互联网经济是支撑互联网建设、运营、应用的经济活动，包括直接相关装备制造、网络基础服务和网络应用服务三部分。

美国得克萨斯大学将互联网经济范畴界定为两个领域四个层次。基础架构领域分两层，即网络架构和网络应用基础；经济活动领域也分两层，即互联网中介服务和互联网商务。互联网商务层包括各种基于中介服务的商务活动，是通过互联网提供服务和产品，如网站零售商（例如亚马逊）、制造商网上销售（如 IBM）、电子出版（如 WSj.com）、在线广告、网上娱乐、在线教育等。互联网中介服务层指的是利用互联网提供平台服务，包括垂直行业服务，如第三方物流平台，内容聚合（例如 ZDNet）、内容门户网站（如 yahoo）等。互联网应用基础层包括各种应用软件，如应用服务软件（如 Adobe）、浏览器（如 Netscape）、搜索引擎、流媒体软件、电子商务软件等，也包括互联网咨询服务、数据库服务、安全产品与服务（如 Checkpoint）等。互联网络架构层包括骨干网服务提供商（如 A0L）、互联网网络服务提供商、IP 网络的硬件和软件公司（如思科等）、PC 和服务器设备制造商（如 HP）、光纤硬件制造商等。国内对互联网经济的界定可以分为广义和狭义的概念，广义的互联网经济指基于互联网所产生的经济活动的总和；狭义的互联网经济主要指的是互联网产业，即以互联网为依托，以信息技术为主要支撑的现代服务业。其分为基础服务和应用服务两个层面，其中基础服务是指互联网网络服务，包括由基础网络运营商提供的互联网接入服务、互联网网络传送服务、互联网 IDC 服务、互联网 CDN 服务等；互联网应用服务指互联网增值服务提供商提供的互联网应用和内容服务，包括信息搜索服务、新闻、游戏、广告、教育、商务等互联网应用服务。

（二）互联网经济的现实基础

1. 信息技术的不断突破

计算机开启了现代信息处理技术，而把人类带入信息社会的互联网发展正是以信息技术为基础的。信息技术（information technolog），我们经常称之为 IT，通常指的是管理信息和处理信息的各种技术的集合，也被称为信息和通信技术，主要是基于计算机科学和通信技术设计、开发、安装和实施信息系统和应用软件，主要包括传感、计算机和通信三类技术。信息技术的不断突破主要表现在信息设备的不断创新和多项功能的提升，具体表现在信息的搜索、感知、接受、过滤等信息获取技术，单向与多向传递、单通道、多通道与广播传递等信息传递技术，信息储存技术，对信息进行描述、分类、排序、转换、浓缩、扩充、创新等信息加工技术，以及以信息管理标准、字符编码标准、语言文字规范化为标志的加强信息获取、传递、储存、加工各环节有机衔接和提高信息交换共享能力的信息的标准化技术等。也有人按照技术的功能层次差异，把信息技术分为基础层信息技术，如新材料技术、新能源技术；支撑层次的信息技术，如机械技术、电子技术、激光技术、生物技术、空间技术等；主体层次的信息技术，如感测技术、通信技术、计算机技术、控制技术；应用层次的信息技术，如文化教育、商业贸易、工农业生产、社会管理等活动中提高效率和效益的自动化、智能化、应用软件与设备等方面。

正是信息技术的不断突破，为信息时代的各项应用创新和产业化提供了基础的技术保障。可以说，互联网经济无论是应用导向还是市场导向，归根结底，技术的创新和突破是其发展的基础。

2. 信息化的基础设施的不断完善

信息化的基础设施是信息社会的基础性、通用性和战略性的设施。关于信息化的基础设施的定义并没有统一的规定，其外延也在不断发展中。作为互联网经济基础的信息化基础设施应该主要包含三个方面的内容：硬件设施的普及、软件的持续提升和组织体系的完善。硬件实施主要包括终端的普及、场地、机房的建设、网络设备、服务器设备及通信网络等。信息化基础设施中的软件部分主要包括支持各种业务活动的各种业务信息系统、管理信息系统和日常的运维信息系统等。信息化的基础设施中的组织体系主要包括从政府到社会各界的信息化组织系统，纵向分为管理、实践和监管系统组织；也可分为安全体系架构、灾备系统及恢复体系等①。

我国的信息化建设已进入全面创新、构筑国家竞争新优势的重要战略时期。《"十三五"国家信息规划》(以下简称《规划》)已进入尾声，"十三五"时期是全面建成小康社会的决胜阶段，是信息通信技术变革实现新突破的发轫阶段，是数字红利充分释放的扩展阶段。到2020年，"大数据+网络化"新技术为"战役"提速，5G、大数据、人工智能等加快应用步伐；产业数字化转型加速从"被动"转向"主动"。然而，随着信息化的高速发展，安全性问题日益突出，个人信息过度收集、信息安全、隐私保护形势严峻。预计2020年后半年数字"新基建"将加速布局，构建数字化转型生态将提速，网络扶贫将助力打赢脱贫攻坚战等②。

二、互联网经济体系形成

经济体系是一群相互影响的个体之间的一种相互关系，它既包括个体，也包括个体之间的相互联系和关系。具体来说，包括核心产业、相关产业和组织关系等问题。

(一)互联网经济体系的基本构成

互联网经济的体系构建可以分成三个层面：价值体系和规范、核心产业及相关产业。

第一层面，互联网经济的价值体系和规范，这应该成为其经济体系能够得以正常运行和发展的基础，它形成和约束互联网经济各产业主体之间的相互关系。

第二层面，互联网经济的核心产业。互联网产业是互联网经济的核心产业，是互联网经济的支柱。

第三层面，受到互联网经济影响的相关产业。互联网的融合性、服务性的

① 李成钢.互联网经济的理论创新和实践[M].对外经贸大学，2016：12.

② 鲁金萍，许旭，黄向前.2020年下半年中国信息化走势分析与判断[J].网络安全和信息化，2020(08):4-9.

特质决定了其在与其他产业的融合中必然发挥重要的作用，作为独立体系研究的互联网经济，把这些受到影响的传统产业作为互联网经济体系的外围产业。

（二）互联网经济的价值体系和规范

1. 基于互联网的新商业文明

我们可以按照商业文明的三个层次，即基础、制度和文化来描述新商业文明的结构和特点。

基础设施层面：主要包括公用计算服务的巨型商用计算中心，如云计算平台，以及集成各类商务服务和海量用户、可提供云计算服务的各类电子商务服务平台等。

制度与规则层面：信息化、全球化和市场化将共同推动持续的制度变迁过程。政府内部、政府之间、政府与企业、企业与企业、企业与员工、企业与消费者、企业与社会等，将会发生一系列的与信息时代相适应的制度变迁。

文化层面：信息时代的商业文化将呈现透明、诚信、平等、开放、分享等特点。互联网经济的发展推动了新商业文明的形成。

2. 信息时代需要有与之相适应的商业基础设施

邮政、电报和电话网络、电力网络、交通网络，以及如今已经繁荣发展的各类云计算平台。通过巨型计算中心提供公用计算服务，将成为信息时代商业文明的基础设施。而云计算平台将成为基础设施中的关键。随着软件服务化和软件互联网化的快速发展，“商业云”的理念产生并逐步得到业界的认可。

经济活动与社会生活融合。社会网络将会嵌入经济行为。例如，以社会网络构建的诚信体系，可降低交易成本。工业时代的“经济人”将回归为信息时代的更加全面的“社会人”。

消费分层的扁平化。工业时代的消费分层及背后的生产过程，通常表现为一种金字塔状，层间差异较大，层内同质化；而信息时代的消费分层则更多地呈现出一种蜂窝状结构，即扁平化，以兴趣和爱好而实现区分和分化，存在于多个中心，其生产过程也将走向定制化。

3. 网络作为信息处理活动成为工作的必需

在就业结构方面，越来越多的社会成员，其工作领域将与互联网商务活动紧密相关，互联网商务活动将会更多地体现一种信息处理的活动。

先进的生产力要求与之相适应的生产关系，信息技术引发的新商业文明也需要与之相适应的制度。

网络化和全球化引发了系列的、多个领域的制度变迁，工业时代的制度体系的理念、原则、框架、细节，都将或多或少地发生改变。比如，“知识产权”等工业时代的制度，至今仍在发挥着良好的促进社会整体利益、鼓励创新的功能。但由于信息经济的开放、分享等独特性，这些制度框架可能需要重新界定。以网络联保贷款为例，这种基于企业的网络诚信度为其提供贷款的模式，带动了银行业制度的创新，改进了银行与中小企业之间的协作关系。

4. 形成体现诚信、分享、平等、责任的商业文化

在商业文化层面，诚信、分享、平等、责任将真实而具体地体现在商业主题的行为模式之中。在目前的网上群体中，这些要素已经逐步显露出来。比如，诚信是持久经商的唯一出路，因此具有自发性，尤其对于草根族来说，更是其致富的关键。网络平台提供相对开放的监督机制，保证了经济活动的透明度。诚信是一种可积累的财富，可实现自身的价值，因此诚信不仅仅是一种美德，更是新商业文明的必需。

互联网经济社会责任是群体责任，社会责任体系是系统体系，需要各方各尽其责、各尽其力，才能共建电子商务的生态文明。新的商业文明、基于互联网发展的社会责任体系和生态环境完善都是在互联网经济发展过程中逐步形成的，还需要在互联网经济的发展中逐步完善，三者从不同的角度诠释着互联网经济发展的内外部环境，三者有着共同的目标，即促进互联网经济健康、稳定和可持续的发展。

（三）互联网产业

互联网产业的商业模式经历由媒体、服务向交易平台、服务平台和管理平台转化的过程，这种平台化的特征决定了互联网产业的服务业属性。

服务业的发展与社会的发展密切相关[①]，美国学者丹尼尔·贝尔在《后工业社会来临》一书中，通过对比农业社会和工业社会的基本特征，指出在后工业社会中，服务业以技术性、知识性的服务和公共服务为主。美国学者马克卢普则在《美国的知识生产与分配》一书中明确给出了现代服务业的一般范畴和简单分类模型，他认为，现代服务业主要包括四个行业，即教育、科学研究、通信媒介和信息服务，并突出强调了现代服务业的知识性和信息服务性。理论研究专家通过对比现代服务业与传统服务业的区别，归纳出现代服务业的五大基本特性，即知识性、高增加值性、高素质性、高科技性和新兴性。

根据现代服务业的基本特征，现代服务业可以界定为，在工业化比较发达的阶段，以高新技术（主要指信息技术）为基础的，集知识性、高增加值性、

① 李成钢．网络外部性下消费需求的自主性与从众性研究 [J]. 中国市场 ,2017(06):12-13.

高素质性、高科技性和新兴性为一体的服务业。它是社会分工的细化和专业化生产的必然结果，不仅包括新产生的业态，也包括由传统服务业通过技术改造升级和经营模式更新而形成的现代服务业，主要有金融业、保险业、不动产业（房地产业）、咨询业、通信、信息服务、物流、科技开发、商务服务、教育培训、中介等。

互联网经济是经济和科学技术发展到一定程度的必然产物，它的发展给社会、经济和生活等各个领域带来深刻的变化。目前，现代服务业已成为服务业中的主导力量，现代服务业的发达程度已成为衡量经济、社会现代化水平的重要标准。作为一种全新的经济形态，互联网经济深刻地影响着现代服务业的发展，互联网经济加快了现代服务产业结构的升级进程，催生出新型的服务行业，提升了服务型企业的竞争力。

从现代服务业的角度看，互联网产业以互联网等计算机网络为基础工具，以营造商务环境、促进商务活动为基本功能，是传统商务服务在信息技术——特别是计算机网络技术条件下的创新和转型，是基于网络的新兴商务服务形态。它涉及机构和个人的商务、工作和生活的各个环节、层面和范围。具体到企业互联网应用，它提供全面、强大的互联网应用支持服务，包括网络、硬件和软件等技术支持，也包括营销推广、应用集成、信用、支付、物流和咨询等全方位的商务服务。互联网产业的核心是网络服务平台。近年来，企业电子商务应用意识和需求快速成长，尤其是中小企业互联网服务平台快速发展，两者之间的良性互动关系——互联网服务促进互联网应用、互联网应用拉动互联网平台已经形成。

把互联网产业的核心定位为现代服务业，其发展的主要表现形式包括由基础网络运营商提供的互联网接入服务、互联网网络传送服务、互联网 IDC 服务、互联网 CDN 服务等基础服务和互联网增值服务提供商提供的互联网应用和内容服务。互联网应用服务包括信息搜索服务、新闻、游戏、广告、教育、音乐、视频、商务等。

在互联网的核心产业和相关产业的界定中，由于互联网的现代服务业的特性，产业本身存在着交叉和融合的特点。但是互联网产业的最大的特点就是依赖于互联网而存在，如果不借助网络，那么这个产业是不存在的。例如，音乐是一个传统行业，但是网络音乐就是基于互联网而存在的创新性行业，无论网络音乐的创作还是传播，都是基于网民和互联网的特性，离开了互联网，可能只是一种音乐的创作，而不是网络音乐。又如，网络游戏不是单机游戏，而是基于互联网的实时性和互动性，因此互联网就成为它存续的最基础条件，再如电子商务是基于互联网的网络洽谈、达成和交易的一种商务模式，离开了互联网，我们可以购物，但是不能称其为电子商务。因此，尽管网络音乐、网络游戏、电子商务等仍属于音乐、游戏和商务，但是其存在的基础是互联网，因此，把类似于这样的基于互联网而形成的产业和应用，称之为互联网产业。

（四）互联网经济的影响产业

互联网经济的发展迅速，除了其发展基于互联网的核心产业之外，更多的作用体现在对传统经济、社会生活的影响方面。“互联网 +”是把互联网的创新成果与经济社会各领域深度融合，推动技术进步、效率提升和组织变革，提升实体经济创新力和生产力，形成更广泛的以互联网为基础设施和创新要素的经济社会的发展新形态。在全球新一轮科技革命和产业变革中，互联网与各领域的融合发展具有广阔前景和无限潜力，已成为不可阻挡的时代潮流，正对各国经济社会的发展产生着战略性和全局性的影响。积极发挥我国互联网已经形成的比较优势，把握机遇，增强信心，加快推进“互联网 +”的发展，有利于重塑创新体系、激发创新活力、培育新兴业态和创新公共服务模式，对打造大众创业、万众创新和增加公共产品、公共服务“双引擎”，主动适应和引领经济发展新常态，形成经济发展新动能，实现中国经济提质增效升级具有重要意义。

近年来，我国在互联网技术、产业、应用及跨界融合等方面取得了积极进展，已具备加快推进“互联网 +”发展的坚实基础，但也存在传统企业运用互联网的意识和能力不足、互联网企业对传统产业理解不够深入、新业态发展面临体制机制障碍、跨界融合型人才严重匮乏等问题，亟待解决。

我们要加快推动互联网与各领域深入融合和创新发展，充分发挥“互联网 +”对稳增长、促改革、调结构、惠民生、防风险的重要作用。

三、互联网经济发展机遇与挑战

互联网金融正以摧枯拉朽之势改变传统的金融模式，然而互联网金融是否会替代传统金融机构成为金融体系的主导，新生的互联网金融到底如何走、走多远，还存在太多的变数。

（一）互联网金融发展：百家争鸣

很多企业家对未来互联网金融的发展都有不同的看法。

第一，互联网金融的未来是传统的交易所、电子商务平台和 OTC 市场三种模式的融合。互联网金融会变成一种虚拟交易所，它的特点是透明度比较高、成本比较低、流动性比较好。这个方向作为未来中国的机会点，会创造出很多新的市场，而且这些新市场不是我们今天看到的比较简单的 P2P 或者众筹市场，它的范围广泛很多。但是，这些市场持续经营和成功的前提是做好风控。一个市场如果不能管理好风险，或者不能降低、分散风险，这个市场就没有价值。

第二，互联网金融是金融革命 3.0，互联网金融是互联网与金融结合诞生的新生命，是传统金融的继承与扬弃、创新与发展，是超强大脑的结合。互联网金融为个人、企业、地区和行业带来了产业价值，降低了过去交易中的巨额成本，甚至填补了过去交易中的大量空白。互联网金融对传统产业的加快转型，是继房地产业后的新一轮高品质的财富发动机，促进了产品、技术、资本和人才的深度融合。互联网金融是中国继房地产发展后又一个足以支撑长期发展（10 ～ 20 年）的支柱产业，带动社会相关产业链十分广泛，正在成为新经济增长的引擎之一，推动信息社会的深化。它不仅重塑了人们的金融意识和行为，也增强了人们的财富观念和理财方式，形成一股新浪潮。

第三，互联网金融对金融监管提出新的挑战，对中国金融业的整体格局带来一定的冲击，加速中国利率市场化的进程，金融盈利空间收窄，银行有沦为支付通道之虞，小微金融、供应链金融的竞争激烈，证券投资领域也面临着机遇与挑战。

综合来看，互联网金融能否实现可持续发展，沿着什么样的路径、以多快的方式影响或改变现有的金融体系，还需要边走边看。

（二）互联网金融发展：未来展望

当前，互联网金融产业发展主要围绕三个方面推进。

第一，渠道扩张。双方基于自身的比较优势在各自的优势领域开展业务，产品类型和重点客户重合度较低，互联网企业在这一阶段的成本优势发挥明显，具体表现为基于成本优势的虚拟渠道扩张。

第二，数据推动融合。双方的业务开始融合，部分核心业务产生交叉，互联网企业开始利用数据资产进行风险定价，传统金融行业逐渐掌握批处理技术，开始通过产品创新由被动防御转向主动防御，对中小型客户的争夺是重点。

第三，平台胜者为王。从形式到实质的融合，商业模式的优化、创新，新的商业模式开始出现，双方都已经掌握了对方较为核心的技术，平台搭建完毕，开始利用平台的数据资产对现有的商业模式进行改造，平台的用户数量、用户黏度和数据的有效性是获得成功的关键。

对于互联网金融的未来发展，不少研究者认为互联网金融将呈现四种发展趋势。

第一，将全面创新网络金融服务和金融产品。在日渐成熟的强有力的技术支持下，在日益激烈的金融行业竞争中，为了能够保持竞争力，不断提高客户网络金融服务水平，更全面的网络金融服务和更丰富的网络金融产品必将出现，从而不断推动网络金融的发展。

第二，将进一步打造一体化的金融服务平台。随着互联网技术的逐渐成熟，网络金融客户必将需要把所有相关业务融为一体，只需一个人即可以满足网络金融客户的大部分需求。因此，一体化的网络金融服务系统必将被打造出来。

第三，将出现被广泛认同的金融服务品牌。随着越来越多的网络金融服务提供者的出现，客户必将对网络金融服务提供者进行甄选，这就要求网络金融提供者的品牌具有广泛的认同度，所以，基于信誉、安全、规模和技术的企业文化和经营方式的品牌战略将是未来金融机构的重要发展方向之一。

第四，将实现标准化和个性化的网络金融服务。网络金融需要在网络间进行数据的传输与交换，在此过程中，标准化至关重要，同时，网络金融服务上需要根据不同客户的交易偏好等因素，为客户指定个性化的金融服务产品，不断满足不同客户主题的金融需求。

（三）互联网金融发展：待解问题

十二届全国人大二次会议上，国务院总理李克强在政府工作报告中指出，要促进互联网金融健康发展，完善金融监管协调机制，密切监测跨境资本流动，守住不发生系统性和区域性金融风险的底线。让金融成为一池活水，更好地浇灌小微企业、“三农”等实体经济之树。可见，互联网金融绝不只是概念的创新，更代表强烈的政策支持和社会的广泛认同。从互联网金融的当前发展来看，互联网金融仍有一些问题需要解决。

1. 风险控制

互联网金融的健康发展要遵循金融业的一些基本规律和内在要求，核心还是风险管理。不管是在传统的金融模式还是在互联网金融模式下，风控始终是第一位的，只有做好风控，才能得到持续性的发展，否则任何繁荣都只是昙花一现。以小微企业融资为例，由于小微企业自身的不稳定性，其发生坏账和违约的可能性大大增加，互联网金融企业在实际操作中如何能做到既满足小微企业融资需求，又能降低违约风险，这是亟待解决的问题。

2. 数据保障

未来大数据技术将在互联网贷款、购买保险、证券投资等方面发挥极大作用。金融和数据拥有天然的数据化基因，因为金融本身就是信息和数据，做金融的本质就是做信用。大数据技术提供的有据可查的信用数据，为构建互联网金融信用体系提供了保障。然而，大数据的数据分析和预测是互联网金融的技术支持，尽管数据的可获得性大大增加，然而数据的真实性如何衡量？如果作为基础的数据本身存在问题，则这样的金融活动是没有任何效益和效率的。

大数据只是分析工具，是人类设计的产物，不应过分迷信。以 P2P 借贷行业为例，目前借贷业务不仅需要网络审核，更需要线下审核，信贷员的从业经验和责任心是信贷安全的重要保障。另外，除了个别企业，大部分互联网金融企业目前的用户规模和交易额都不大，缺乏大数据基础，也无力承担所需的基础设施和处理成本。在互联网金融的发展过程中，如何发挥大数据的优势，避免其劣势，将决定互联网金融的未来。

3. 制度支持

目前中国移动支付产业整体处于市场主体不断加大投入、积极布局的起步阶段，各种业务、技术、管理模式尚在探索中，这个阶段应该更多地发挥市场主体的积极性和创造性。但移动支付产业链长，涉及业务主体多，呈现典型的网络外部性和规模经济，因此，单个参与主体在发展自身移动支付业务的过程中，不可避免地存在着一些安全可行性论证不足的情况，也容易出现自然垄断倾向、无序恶性竞争等问题。正因为如此，政府部门需要在推动移动支付产业的发展中扮演促进者、协调者和管理者的角色，而面对市场主体差异化的市场行为，监管部门的监管效率和监管行为对市场的健康发展至关重要，要通过制度保障形成公平透明的市场竞争环境。互联网金融的未来发展离不开政府的政策支持。

第二章　消费关系及方式

第一节　消费者需求理论

一、经济学需求理论

（一）需求的基本概念

微观经济学认为，需求是消费者在某一特定时间内按照既定价格对某个商品愿意并且有能力购买的数量。从定义中可以看出，微观经济学中的需求是一个量化的概念，为了便于经济学分析，把其定义为愿意且能够购买的商品数量，而且愿望和能力二者缺一不可，否则就构不成经济学中的需求。愿望具有主观性，能力指的是实际的支付能力，因此在进行经济学分析中，愿望基本上被作为稳定性的变量，需求主要考虑支付能力等与商品价格和消费者收入有关的因素。这种分析需求的角度，更多是站在卖方市场——供给的角度来考虑需求的问题，因为层层的稳定性假设，只把价格和收入作为杠杆来分析需求显然在现实中是有局限性的。

第一，需求是一种主观愿望的表达。在国际市场从卖方市场转移到买方市场的时候，这种分析的弊端就已经开始显现。到如今，人类正在步入网络社会，尤其是在互联网经济下，"消费主权时代"的来临，需求的含义要重新诠释，因为在汉语词典中也有"购买商品或劳务的愿望和能力"这样的表述。

第二，所谓的"有购买能力"。关于"购买能力"，没有找到直接对"购买能力"的解析，而是有两个相关的词——"购买力和消费水平"。"购买力"作为经济上的术语，是取得收入之后购买货品和服务的能力，它一般用来反映该时期全社会市场容量的大小。而"消费水平"，从宏观的角度考察，就是一定时期内整个社会用于生活消费和服务的规模和水平；从微观的角度考察，消费水平就是单个消费者一定时期内消费的商品和服务所达到的规模与水平。购买力强调的是可支配收入下的支付能力，消费水平强调的是消费的规模和水平，从这个意义上，经济学中的“购买能力”指的应该是“购买力”。这个购买力的指标用于分析全社会市场容量的大小是有一定的依据的，但是用于分析微观主体对具体商品需求和购买行为显然是有一定问题的。简单地说，有愿望和购买能力就会产生购买行为吗？显然是不一定的，消费者的消费行为决策是一个复杂的过程，即受到购买商品的类别——“必需性和非必需性”的影响，也受到商品的可替代性和选择自由度的影响，还有各种主客观因素都可能会影响到“需求”。所以，用购买力分析社会市场容量是有一定依据的，但用来分析“买方市场”下的需求还是略有不足。

任何经济学中的概念和指标都是在一定的环境和假设条件下发挥作用的，“需求”这一概念在传统经济学的框架下用于经济分析，其科学性是经过验证的，但是用于分析互联网经济下的市场变化、创新和对供给的引领、反作用等影响，是必须要重新考虑的。释放“需求”的本义是对消费主权时代需求的最好的诠释。

（二）需求函数

需求函数是反映需求和影响需求的因素之间的关系，经济学中，重点研究的是需求量和决定因素之间的可量化的函数关系。公式表示为 DX=f（PX，PY，PZ，M，T，E），DX 表示消费者对商品 X 的需求，PX 表示 X 商品的价格，PY，PZ 表示其他商品的价格，M 表示消费者收入，T 表示消费者的偏好，E 表示消费者的预期。

一方面，需求函数较为系统地研究了影响需求的各种因素。影响需求的因素很多，在需求函数的表达中，把这些因素划分为五类：商品价格、消费者收入、消费者偏好、相关商品价格、消费者预期。这五类因素涵盖了经济学中需求的两个关键支撑点，即愿望和支付能力。其中，消费者的偏好可以划归为主观愿望，其他的如价格、收入、相关产品价格和预期等均可简单地列为与购买力有关的因素，需求函数的表达是以较为系统地研究影响需求的因素为基础的。另一方面，需求函数的表达反映了需求决策的复杂性，即影响需求的因素之间是可能相互影响的，共同影响着需求。从公式中可以看出，任何一个因素的变化都可能会影响到需求，需求的变化是这些因素共同作用的结果。

例如，衣食住行方面，消费者的需求正在基于互联网化地被开发和满足。互联网平台化的诸多成衣和定制的网络商店，满足人们对衣服的挑选和个性化的需求；美团、大众点评等互联网平台满足着人们在美食方面的便捷性、多样化的要求；居家旅行，网络订票、网络订酒店、网络支付等的消费方式有着便捷、安全、可选择性和性价比高的特点，更好地满足了消费需求，如小猪网等网站满足了消费者商务，旅行等短期租住房屋的个性化需求；滴滴软件等APP，根据互联网的特性，针对传统模式下的一些消费出行等问题进行了模式创新，在满足日新月异的消费需求变化的同时，也形成了基于互联网的独特商业价值。

（三）需求弹性

一般来讲，弹性反映的是事物对外界刺激的灵敏程度。需求弹性是需求对外界因素变化的反应的灵敏程度。

在经济学中，把需求弹性分为需求价格弹性、需求收入弹性和交叉弹性。分别代表需求对价格、收入，以及另外一种商品的价格的灵敏程度，代表了影响需求的价格、收入，以及相关产品对于本产品需求影响的变动幅度。一般用弧弹性和点弹性来表示弹性的系数公式。弧弹性以某种商品需求曲线上两点之间的需求量的变动对于价格的变动的反应程度，它表示需求曲线上两点之间的弹性。公式表达为：

$$e_d=-\frac{\frac{Q_2-Q_1}{Q_1}}{\frac{P_2-P_1}{P_1}}=\frac{\frac{\Delta Q}{Q}}{\frac{\Delta P}{P}}=-\frac{\Delta Q}{\Delta P}\cdot\frac{P}{Q}$$

点弹性的弹性系数只与需求曲线上的点（P，Q）的斜率有关，故被称为点弹性，主要衡量在需求曲线上某一点上相对应于价格的变动率。公式表达为：

$$e_d=-\frac{dQ}{dP}\cdot\frac{P}{Q}$$

弹性对需求的研究很重要，根据弹性可以分析一定时间内的各因素对需要的影响程度，从而为权衡和决策提供依据和参考。同时，可以一定程度上量化这种反应的灵敏度，可以为调控的幅度提供帮助。通过弹性的研究和分析还可以对商品进行分类研究等，需求弹性可以作为分析需求问题的重要工具和抓手。

在需求弹性的研究问题上，受到一直以来的假设条件的影响限制，过于把焦点聚焦在了价格、收入及相关产品价格等因素上，对于其他的影响需求的因素研究力度不够，类似需求偏好弹性、需求预期弹性，在互联网经济学中应该进行尝试。

（四）效用与偏好

偏好是需求影响因素中的主观诉求，强调的是一种喜好程度。有人说，偏好是人们内心的一种情感和倾向，它是非直观的。社会和文化等因素对偏好有着重要的影响，偏好既有个体特征，也呈现出群体特征。经济学中尽管也把偏好作为需求的影响因素，但是由于不好量化等原因，只能把偏好作为一种稳定性的因素，没做进一步研究，这也源于经济学的基本假设中的“经济人”假设，没有过多地考虑人的社会性和主观性。偏好一般在消费心理学、消费行为等学科中研究较多。

偏好是可以培养、可以传递，而且在一定程度上是人性中比较稳定的部分，所以一直被市场最前端的供给商家所关注。尤其是消费偏好，代表了消费者主观对商品和服务的认可和喜爱。因此，表现为情感上的信任，行为上的重复购买和消费。这在互联网经济学中，我们称之为用户黏性，是“眼球经济”后的稳定阶段，也是价值提升的储备期。

效用是一种需求的满足程度，是消费者通过消费或者享受闲暇等使自己的需求、欲望等得到的满足的一个度量。偏好是一种主观的需求，而效用是对需求的满足程度，二者是相互关联的一组概念。偏好是一种感情的倾向，而效用却是维持住偏好的重要的内容；效用通过持续的满足偏好的诉求，可以使需求得到最大的满足。因此，效用最大化是消费者需求的最大满足程度，也是供给和需求双方共同努力的方向。简单地理解，偏好是一种需求或者是构成、影响需求的因素，而效用是需求被满足的程度。

在互联网经济学中，对于需求的潜在性挖掘是一个重要内容，而对于需求的满足程度又是构成互联网经济中供给和需求的核心内容。所以从效用和偏好的角度来分析消费者潜在需求的形成、影响因素、外在表现和满足方式和程度，不仅仅是传统经济学的需求理论的研究内容，更是互联网经济学中需求部分的核心内容。

二、需求主体结构性分析

消费者是需求的主体，广义上，消费者可以分为个体消费者和群体消费者，对应的是个体市场和组织市场，笔者将对这两部分进行叙述。

（一）消费者是一个复杂的集合

一般来讲，消费者被定义为购买和使用商品的个人或组织。如果简单地理解这个定义，那么消费者就可以分为购买者和使用者。

1. 消费

消费是满足需求的过程。在生产、分配、交换和消费的四个环节中，消费是最终的一个环节。一般可以分为生产消费和生活消费，生产性消费是生产过程中生产资料和劳动的使用和消耗，而生活消费是我们一般意义上的消费，是生产过程以外的执行生活职能的用于满足个人和生活需要的行为，通常是指个人消费。

消费首先是与生产相对应的概念，从供给的角度看，生产决定消费，供给能力决定了消费的被满足状态和水平；但是从人类的所有活动的终极目的上看，需求决定供给，即人类所有的活动最终都是为了满足需求，否则供给就没有目的和目标。这与我国供给侧改革的目的是一致的，即“适度扩大总需求和适应需求结构的变化”。

消费的目的是满足需求，需求的影响因素和被满足状态将决定是否消费和如何消费的问题，前面章节中所分析的与需求相关的理论均可使用于此。互联网经济下研究的需求问题和研究消费的问题是一体的。

消费是一种行为，消费是过程。消费是一个动态的过程，它包括消费心理和心理主导下的消费行为，具有一定的规律性，也具有一定的多变性，影响和受控因素很多。

因此，消费可以定义为与生产活动相对应的，主体满足需求的一系列行为的集合。

2. 消费的过程性

消费的过程性体现在消费欲望的形成到需求满足的全过程。一般来讲，从购买的角度可以分为购买前、购买中和购买后三个阶段，消费的过程性决定了众多的参与者。消费欲望的形成中，有的是基于自身生理的需求而产生的消费动机，而有很多是基于外界的影响产生的消费动机；在购买中，也有着“货比三家”和众多的经济、情感等因素影响购买的决策；在消费满足中，不同的情境下，满足的程度也有所差异。总之，在消费的过程中，会有众多的参与者和影响因素。

3. 消费者

作为与生产供给相对应的概念，从满足需求的角度看，如果仅按照前面的消费者的定义“购买和使用商品的个人或组织”显然是不合适的。

消费者可以被定义为满足需求过程中的、对消费行为有着决定和影响的一系列参与者的集合，狭义上一般指购买和使用商品的个人或组织。

经济学中研究供给和需求的问题是从市场的供给和需求两大构成因素的角度进行划分，因此消费者的这个定义是从需求方的满足的角度给出的，这样的界定与本书的分析保持一致，研究消费者的目的是研究互联网经济下的需求问题。

（二）互联网经济下的购买主体

消费者行为学的研究中，对消费者进行了分类研究，一般把消费者归纳为发起者或倡议者、影响者、决策者、购买者和使用者，也称为影响消费者购买行为的参与者，以下统称为消费者。

无论消费者的构成角色有多少，在互联网经济下，消费行为的购买者一定是网民，也就是购买行为的直接实施者。也许购买是为了满足孩子、老人、朋友、妻子、丈夫等的需要，但是购买行为的实施者一定是网民，而网民作为互联网时代一个特殊的群体，其代表着一种消费趋势和群体特征，而“全网民”时代即将来临，网民将成为互联网时代消费者的代名词。

根据 CNNIC 的统计报告中对网民的界定，过去半年内使用过互联网的是六周岁及以上的中国居民。网民是互联网经济下的直接购买主体，也是互联网经济得以发展的基石。

互联网发展的初期，没有一定的网民和成形的商业模式，所谓的互联网经济是不存在的。尽管有人较早地看到了商机的存在，但是市场的不成熟仍然让早期的一批探险者在“网络经济泡沫”破灭时“折戟沉沙”。正是随着网民数量的增长，网络效应才得以实现，需求市场的互联网经济特性才得以完整地表现出来。从这个意义上说，网民是互联网经济发展的基石，也是互联网经济下满足需求的购买主体。

（三）网民是未来互联网经济的消费者主体

当“全网民时代”来临时，互联网经济下的消费就是网民的消费，网民将成为互联网经济下消费者的代名词。

根据 CNNIC 的统计，截至 2019 年 6 月，我国的网民数达到 8.54 亿，较 2018 年底增长 2 598 万，互联网的普及率达到 61.2%。现在的 20 ～ 40 岁之间网络的主力人群，在 20 年后，将会成为现在的 40 ～ 60 岁的人群，但是他们是懂电脑的“老网民”，而现在 10 岁之下，因年龄太小原因而无法上网的人群将会成长为 20 ～ 30 岁之间的网络主力人群。从原因和网民数量推断，我国现在还有近一半的人不是网民。但可以预测，未来 20 年，随着信息化的普及，当网络完全成为工作、生活离不开的必须时，在时间的惯性之下，在已有的网民数量基础上，网民数将会再有成倍的增长，全民网民时代终将来临。

手机网民的迅速增长和普及化应用为“全网民时代”来临的重要表现。与固定互联网的网民普及情况不同，移动互联网网民的普及融合特色明显：通信终端 + 互联网。我国的即时通信工具经历了 20 世纪 90 年代的 BB 机时代和 21 世纪初的手机普及，手机已经逐步成为办公、生活的必需品。加之固定互联网的普及和应用，使网民具有一定的上网基础，也激发了网民的潜在的上网需求。当移动终端和互联网结合的移动互联网出现的时候，原有的手机用户很自然地成为第一批的移动互联网网民，而随着网络化程度的提高，智能终端的出现和各种互联网应用服务的开发和完善，更多的人或者从个人电脑端迁移，或者尝试移动互联网，造成了近些年手机网民持续增长的局面。

据 CNNIC 统计，截至 2019 年 6 月，我国的手机网民已经达到 8.47 亿，占网民比例 99.1%，手机网民已远经超过个人电脑网民的规模。（如图 2-1）与前面分析互联网网民的未来增长情况一样，随着时间的推移，未来 20 年，手机网民将会有稳定增长的态势[①]。

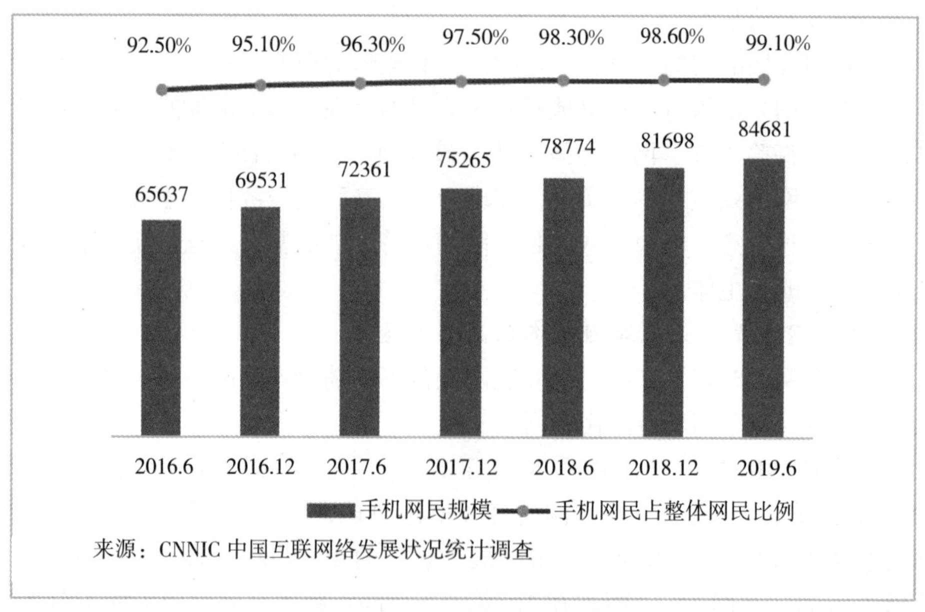

图 2-1　网民规模和互联网普及率

① 第 44 次《中国互联网络发展状况统计报告》.http://www.cac.gov.cn/2019-08/30/c_1124938750.htm.

三、网民的结构性分析

根据中国互联网信息中心的统计，可以把网民的结构按照社会和经济属性分为七个方面。

1. 网民的区域分布还不平衡

网民的区域结构分布在一定程度上能够反映互联网经济在各个区域的活跃和发展程度。从统计和分析的情况看，我国互联网经济的区域性发展结构还不平衡，数字鸿沟现象依然存在。一般来讲，数字鸿沟主要表现在一种创造财富能力上的差距。网民的数量不一定能够直接反映创造力的差异，但是作为互联网经济的重要基础，网民的数量可以反映一个地区的普及率，及互联网的基本应用情况，可以作为判断数字鸿沟的基本条件。

2. 农村网民的占比较低，但潜力巨大

根据 CNNIC 的数据，截至 2019 年 6 月，我国网民中农村网民占比 26.3%，规模达到2.25亿，比2018年年底增长305万；城镇网民占比73.7%，规模为6.3亿，比 2018 年年底增长 2 293 万（如图 2–2）。随着我国城镇化工作的有效开展，城乡人口比例已经接近持平，按照目前城乡各占约 7 亿左右的人口数，农村的网民占比无论绝对还是相对来看，还是偏低，但是近几年的增长幅度比较高，增长速度基本上是城镇网民的两倍。我国的工业经济发展很不平衡，尤其是城乡之间的发展不平衡，这种城乡之间的差异妨碍了先进理念在农村的传播和普及，加重了这种不平衡。互联网经济的发展是在工业经济基础上，先天承继了这种不平衡，但是随着互联网的普及、城镇化的发展及各种模式的创新型应用，农村地区的互联网经济已经呈现出较好的发展态势。随着农村互联网的普及和应用，农村的网民将会呈现出大跨度地增加，这是可以预期的。

目前农村网民主要的上网设备是手机，即时通讯类应用是农村网民最主要的应用，沟通类的社交还是其主要的应用方式。网络购物目前占比较低，但是增长速度最快；网络游戏、网络视频和搜索占比也较高，同时是增长较快的应用方式。

农村网民数量的提升，对改变农民观念、改变农村地区与外界的沟通不便，加强先进文化和理念的传播，加强农业现代化有着重要的意义和影响，同时，在工业经济下相对落后的“三农问题”，在互联网经济下反而有望成为经济的新增长点。

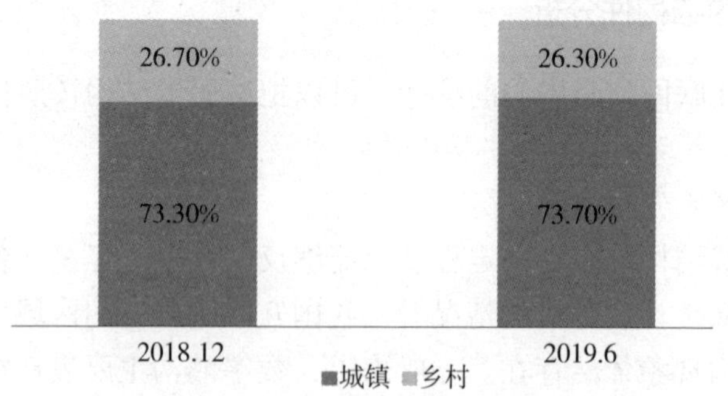

来源：CNNIC 中国互联网络发展状况统计调查

图 2-2 城乡互联网发展状况比较

3. 女性消费经济的发展

根据 CNNIC 截至 2019 年 6 月的统计数据，中国男女网民的比例为 52.4 ∶ 47.6。从性别结构上看，网民的男女比率基本持平，男性网民比例还略高于女性，但是从影响力和受到的关注度来看，女性网民显然是互联网经济个人消费的主导型消费者。“她经济”更是成为互联网经济下的热门词汇。

“她经济”又称为“女性经济”，是随着女性的经济和社会地位的提高，由于女性在个体消费中的特殊地位，围绕女性的消费和理财等方面形成的一种经济现象，习惯上称为“她经济”。“她经济”并不是互联网经济阶段的产物，它是一种现代经济发展和社会进步的产物。但是在互联网经济下，“她经济”的消费特点更加被放大和焦点化。可以说，互联网经济是“她经济”发展的催化剂，而“她经济”也可以在一定程度上代表互联网经济下的一种消费特点。

女性在家庭消费中的作用越来越重要，是很多家庭消费的决策者和执行者。一般来讲，传统的主食厨房、服装鞋帽和时尚轻奢等产品是其消费的大类产品。随着经济和社会地位的不同，女性消费中的情感化、个性化、多样化和自主化的特性逐步显露。互联网经济下，这些消费的特性更加被清晰地传递出来，成为商家竞相研究的营销目标，并在产品功能开发、样式设计、定价、销售渠道、促销手段等方面开展积极的攻势，把握其消费心理，不断满足并超越女性群体的消费需求，从而形成较为持久的用户黏性，不断提升其价值。

4.10 ～ 39 岁的群体是网民主体

CNNIC 的统计表明，截至 2019 年 6 月，我国 10 ～ 19 岁、20 ～ 29 岁、30 ～ 39 岁的网民分别占中国网民的 16.9%、24.6%、23.7%。从 10 ～ 39 岁的

网民占中国网民总数的 65.2%。根据人口普查的数据估算，10 ～ 39 岁之间的网民数占这个年龄阶段人口数应该也在 60% 以上，应该说主体网民是中国经济社会中最具活力和能力的中坚力量。同时，数据中显示，40 ～ 49 岁和 60 岁以上的网民数也在稳步提升（如图 2–3）。

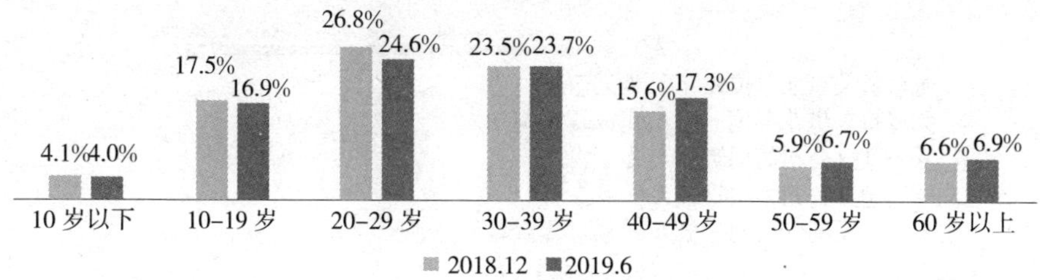

来源：CNNIC 中国互联网络发展状况统计调查

图 2–3　网民年龄结构

5. 网民向中低学历扩散是“自然”规律

根据 CNNIC 的统计（如图 2–4），初中学历的网民占 38.1%，高中 / 中专 / 技校学历的网民占 23.8%，二者相加为 61.9%。初高中学历水平的网民占网民的主体，同时小学及以下的网民数也持增长态势，相对大学（包括大专）以上的网民数量相对稳定。

从网民的学历构成上看，大学生已经基本“全民皆网”，中低学历的网民扩展空间还很大。学历可以反映互联网经济的一些特性：一方面，作为具有一定技术含量的新鲜事物，学历层次还是具有重要的影响和决定性的，就如大学学历层次的人网络使用率是最高的；另一方面，互联网已经逐渐成为基础性的服务设施，包括小学及以下学历层次的人也开始使用，而且使用人数还有增加的趋势和潜力。

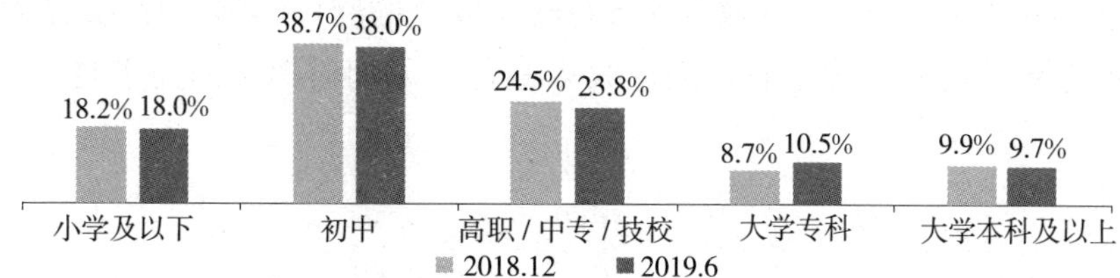

来源：CNNIC 中国互联网络发展状况统计调查

图 2–4　网民学历结构

6. 学生、自由职业者和一般职员占比最高

根据 CNNIC 的统计结果，从网民的职业结构上看，学生、自由职业者、企业一般职员是占比较高的网民群体，分别占 25.2%、22.1%、12.4%。企业高层和党政机关事业单位领导的占比最低，只有不到 1%（如图 2–5）。

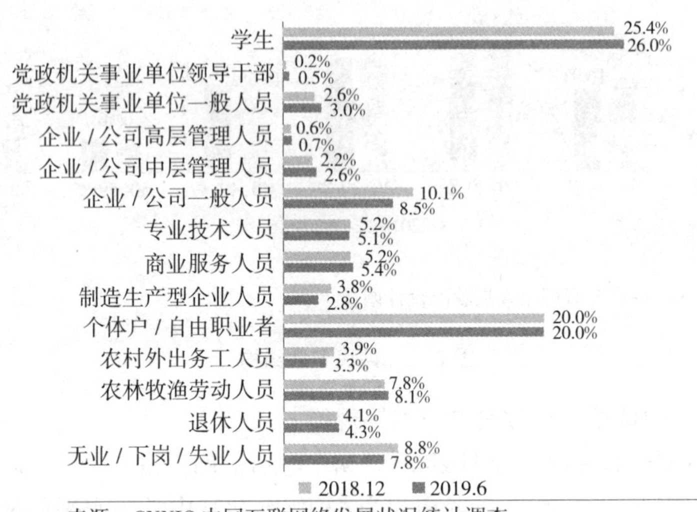

来源：CNNIC 中国互联网络发展状况统计调查

图 2–5　网民职业结构

这种正态分布式的网民构成与整个社会的发展态势是相吻合的。中青年作为社会劳动和消费的主体，对新鲜理念和新鲜事物的接受程度比较高，且带动效果较好，对幼儿、少年和老年人的带动效果强，有一定经济基础，但年龄跨度大、购买力不平衡，是市场中最为活跃的因素。

7. 中等收入的网民群体是主体

根据 CNNIC 的统计，截至 2019 年 6 月，无收入及月收入[①] 在 500 元以下的网民群体占比为 19.9%；月收入在 2 001 ～ 5 000 元的网民群体合计占比超过三分之一，为 33.4%；月收入在 5 000 元以上的网民群体占比为 27.2%。由近年来的网民收入结构来看，无论收入高低，人们对消费的需求越来越多样

① 第 44 次《中国互联网络发展状况统计报告》给出定义，月收入是指学生收入包括家庭提供的生活费、勤工俭学工资、奖学金及其他收入；农林牧渔劳动人员收入包括子女提供的生活费、农业生产收入、政府补贴等收入；无业 / 下岗 / 失业人员收入包括子女给的生活费、政府救济、补贴、抚恤金、低保等；退休人员收入包括子女提供的生活费、退休金等。

化，也更加普遍，与前几年的类似于恩格尔系数的两端消费普遍较少结构也发生了很大的改变。

如前所述，网民作为互联网时代购买的主体，其结构属性和特征有着重要的意义，而根据这种年龄、收入、性别等基本属性所定位的网民群体，以及这些群体反映的需求特点，对于精准营销和商业模式创新有着重要的意义。

四、消费者需求的演变

我们正处在一个传统与时尚、文化交融与冲突、变革与创新的关键时期。在这个时期，经济形态、商业模式、消费需求正在快速地变化，从根本上不断满足消费者日益增长的物质和文化需求是这个时代经济和社会发展的主旋律。消费需求的满足是一个复杂的过程，而在互联网经济下，消费满足的过程中，消费者却呈现出几种相互矛盾的具有时代特色的需求特征。

（一）自主性与从众性

从众是人的一种天性，是群体压力下的个人信念或行为方式的改变。这种群体压力可能是现实的一种群体张力的体现，也可能是个体的心理反应。从众行为，可以是在不确定性的情景下，个体行为的一种参照心理的体现，也可能是一种“孤独的恐惧”。对于偏离群体的行为，会有被孤立或者被群体“惩罚”的心理支配下，所做的一种服从性的反应，也可以是群体的特性与个性相符后形成的一种吸引力和凝聚力。人具有社会性，总会受到群体的影响。从众性既是人的社会性的自然体现，也会受到“群体领导者”的统治意识的影响和制约。

首先互联网利用人们求新、求异的消费心理，通过互联网的便捷性和商业模式的创新性形成早期的“众”，通过早期消费者的尝试、体验，形成一种风气和口碑，以此来继续吸引具有相同需求或者有尝试心理的人群，层层扩展之下，形成了这个“圈子”的特有群体性。其次，增强满足感，增加用户的黏性，通过针对消费心理的产品、服务和营销的提升，来形成核心的用户，增强凝聚力，以此形成相对核心的群体理念，同时不断扩展新的用户，重复增加黏性。再次，不断地提升用户价值，在追加增值服务中，进一步吸引相关人群，形成消费文化和跟随风潮。在这个过程中，互联网的平台性和开放性起到了重要的作用，尤其是增加用户黏性和吸引用户加入和尝试的环节。在进行消费中，用户彼此可以进行开放式的评价和讨论，对用户体验的交流起到了重要的作用。这样的讨论和交流中，不仅会增强用户的消费体验，也极容易让新的用户来尝试和体验，进而形成从众的氛围。

互联网下的“眼球经济”从众与传统模式下的从众是有一些区别的。传统模式下的从众是一种群体压力下的个体行为的改变，体现的是一种群体的“强制性”和个人的“服从性”，个人的行为模式要符合群体的理念，尽管这种“强制性”未必真的存在，但是对个体的约束却是真实的；互联网经济下的“眼球经济”强调的是一种关注，一种鼓励性的尝试和引导，而基本不存在任何的“强制性”的因素。通过好奇、尝试等方式来引发消费需求，消费者的选择性更强、更大，所以应该算是一种引导性的行为。在这个过程中，消费者的自主性得到增强。

（二）个性化与同质化

同质化是“稀缺经济”的产物。在农业经济和工业经济的前期，物质资源的供给能力有限，仅能够一般性地满足人们的生理需求，对于消费者的深层次需求的满足能力不足，以供给为主。由于消费需求还未能得以充分开发，同一大类中不同的商品在性能、外观甚至营销手段上相类似甚至趋同。工业经济的时代的“规模经济”效应促使“同质化”的现象一直存续，并在某些领域愈演愈烈，甚至形成在类型、制作手段、制作流程、内容等大致相同的“同质化竞争”现象。同质化归根结底是一种供给性的思维在作祟，即生产为主、销售为辅，生产什么，就销售什么，而不顾消费者的需求满足和利益。

互联网经济的平台性给众多中小企业以生存和发展空间，但一定程度上让同质化的现象更为严重。同质化现象的产生和发展受到很多决定性因素的影响和制约，如经济的发展程度、相关法律的完善、知识产权保护、正当市场竞争秩序的建立、消费需求的激发程度、消费心理的成熟度等。互联网经济下的同质化现象是传统经济发展中遗留下来的问题，根本的治理方式还是法律法规的完备性、执法和监督的即时性，以及政府的引导性、消费心理和文化的完备程度。

随着时代的发展，人们的需求多种多样，网络时代借助电子商务平台的媒体属性，使人们对时尚的理解和表达也更加专业。在选择商品和服务的过程中，人们更加在意商品和服务对自己的个性化的满足。自己认为美、能够诠释时代的价值观和具有创新特征的商品可能更加被消费者青睐，而格式化的商品和服务在网络时代的需求中可能会被当作“老套”“呆板”的代名词，经典的风格也需要表达个性化的特征。

（三）现实性和理想性

自我概念和分类对消费者的消费在理想和现实之间的选择和决策有重要的

参考价值。消费者在选择商品和服务时，不仅仅是为了获得其基本的功能性效用，很多情况下是为了获得其象征性的价值，这构成了消费者进行选择的基础。在互联网经济条件下，消费需求的理性满足更容易使消费者的自我现实性和理想性统一起来。

互联网经济下，消费者的成熟度迅速提高，理性消费逐渐成为消费者的消费特征。互联网经济下“人人都可成为专家”[①]。一是互联网时代的消费者没有对高科技产品的畏惧感，因为互联网经济本身就是伴随着科技创新发展起来的，对于伴随互联网经济成长和发展的网民消费者来说，他们对高科技的认识和了解是同步的。互联网的平台性特征让消费者拥有快速获取任何科普知识的便利渠道，消费者能够迅速地了解商品的特性，对所谓高科技的“陌生感和畏惧感”在互联网经济下成为日常科普的常态。二是互联网经济让消费者的选择更具多样性。这种选择多样性的结果带来了更多的消费理性，消费者可以充分地对商品的性价比进行分析，择优选择，充分满足自己的理想和现实的消费需求。三是选择方面更加注重产品提供的价值及利益。这种利益和价值可以是消费者认可的任意商品和服务，但是都是在自己相对理性的分析的基础上的。

（四）互动性

互联网经济下的互动性需求特点表现在两个方面：互联网平台的互动性和消费者的需求与供给的互动性。

一方面，互联网平台的互动性特征。互动性作为互联网的本质属性之一，一般是从媒体属性的角度分析的。除了面对面的交流外，传统的媒体和工具无法像互联网这样让人与人之间进行多方位的互动。互联网使人的整体感觉进行延伸，它是兼具可视和可听功能的传输工具。这种可视性、可听性和即时性让人们在沟通中的真实感增强、可信度提高。在与外界的互动中，物联网的发展让人的感觉进一步延伸。在味觉、触觉和嗅觉等方面，也让远距离的人在沟通和传输中有了突破性的进展。而物联网的传感器让人们的触觉进行了有效的延伸。在网络传输之下，人的触觉能够跨越距离和空间，这极大地提高了人与人之间、人与物之间的互动性。因此，互联网具备媒体性和工具性的特性。

另一方面，消费者的需求与供给的互动性。互联网经济下的互动性除了体现在基于互联网的互动性外，还表现为消费需求对供给的互动性，这是互联网的经济和产业属性。“我要充分参与”是互联网经济下需求市场的特征表述。

① 霍金斯，马瑟斯博，符国群．消费者行为学[M]．北京：机械工业出版社，2015：105.

互联网以其特有的信息技术和服务平台，使得信息沟通相对充分，互动式的消费更加流行，消费者善于主动选择信息并且乐于进行双向沟通。消费者希望通过网络展现自己的想法，在商品的选择上更希望自己能够参与意见，他们会把自己对产品外形、颜色、尺寸、材料、性能等多方面的要求直接传递给生产者。消费者在消费中充分体现自己的互动性的消费特征。

第二节　消费品供应理论

一、传统经济学供给理论

（一）供给的基本概念

在微观经济学中，供给理论主要是研究价格和供给量之间数量关系的理论，即供给是在特定的时期和固定的条件下，一定价格下的供给量。供给的概念中有两个核心的要素：供给愿望和供给能力。供给是供给愿望和供给能力的统一，缺乏任何一个都不能构成完整的供给。影响供给的因素很多，包括供给目标、商品价格、相关商品价格、技术变动、生产要素价格、政策和预期等。

分析影响供给的因素，归根结底是分析影响供给愿望和供给能力的各种要素。而我们的微观经济学中，主要分析的是在假设其他条件不变的前提下的价格与供给量之间的关系，这种假设下分析出来的结果，对于宏观的决策方向具有一定的参考价值。把价格作为杠杆连接供给和需求两个方面，一定程度上忽略了其他的要素，尤其是微观的厂商主体在进行供给决策时，技术驱动、要素价格、政策、预期等方面对于供给的影响同样是关键性的。另外，价格驱动下的供给，把供给愿望的达成归因于“价格”，这是典型的西方经济学的“经济人”假设的结果，下面有专门的针对性的讨论。

（二）关于供给的主体——厂商

在经济学中，我们一般用厂商代表供给的主体。所谓厂商，是能够代表个体进行生产或供给决策的经济单位。厂商概念的提出，只是把供给的主体定位成与消费者对应的生产者的概念。实际上，厂商代表的是“厂”和“商”。在社会生产总过程中，有生产、交换、分配、消费四个环节。厂商的概念中，“厂”重点研究的是生产，而“商”重点研究的应该是交换。微观经济学中用厂商理论和生产理论来代替供给理论，或者不加区分地把三者画等号，一定程度上忽略了交换的环节，即商业的部分。可以说传统经济学研究的供给问题就是生产问题，是生产者的行为问题。对“商”的部分就是直接用价格约束下的交换来替代，而没有过多的分析。

也许这种忽略是当时生产力发展条件下的认识程度不够，或者基于经济学理论体系完善的必要扬弃，但是从现在的经济社会发展的角度看，这种忽略是经济学研究中的一种缺失，也是互联网经济学研究的一个重点问题①。

（三）供给分析中的生产者行为的利润最大化假设

厂商即企业的生产经营目标有很多，无论长期还是短期，在传统经济学中，最终把厂商的经营目标定为利润最大化。这种企业的利润最大化表现在既定成本条件下的产量最大，或者等产量下的成本最低。这种定位有如下几层含义。

第一，微观经济主体供给的目标等同于生产者行为目标，即既定成本下的产量最大化成为衡量利润最大的标准。这种标准忽略了市场的接受因素，是把产量和销量等同起来，并把产量和利润进行强相关的假设。

第二，生产者的理性人假设，即生产者是完全理性的经济人。经济人假设源于麦克雷戈对于人的性格分析中的 X 理论，把人的性格中的负面的性格，如懒惰、图安逸、贪婪、自利作为实施管理的依据，管理者可以据此采取策略实施管理。西方的微观经济学中引用了这一假设，即经济分析中都进行了“经济人”假设。尽管一直备受质疑，但是这种假设的客观性还是存在的，在经济学的分析中，始终以此作为生产者行为和很多行为分析的依据。把微观的管理作为简单的生产劳动重复，没有考虑人的社会性。

第三，关于利润最大化与生产者均衡。在完全竞争市场中，成本与其他条件不变的情况下，利润最大化与生产者均衡是同一概念。在经济学中，均衡是外界条件不变的情况下，决策者不愿意调整自己决策，不愿意改变自己的经济行为的一种状态。那么在生产者行为决策时，什么状态才是生产者不愿意改变自己的决策和行为的状态呢？即成本既定的情况下，产量的最大化，就是完全达到了其生产经济目标的时候，即多一分或者少一分都不是最完美状态的情况，市场的前提完全是竞争市场。从这个角度看，供给曲线等于边际成本曲线，每个厂商按照这一曲线决定价格和产出，实现利润最大化。

① 高帆．马克思的经济危机理论[M].上海：复旦大学出版社，2014：152.

（四）生产要素和生产函数

生产要素，顾名思义，是生产所需要的社会资源和环境条件的总称，是一个经济学的基本范畴。在不同的社会阶段，生产要素的内涵有所不同，其构成也日益丰富。在西方经济学中，生产要素的假设和确定更多是服务于生产函数。西方经济学的要素理论强调的“四要素”，即劳动、土地、资本和企业家才能是生产的四类要素，各自的要素价格表现为工资、地租、利息和正常利润。随着社会的发展，技术、管理、信息、资源等在生产过程中的作用正在得到重视，成为生产要素的重要表现。

数据信息成为生产要素是互联网经济时代的特色。有人分析过数据和信息的区别，认为信息是加工过的数据，数据是信息的具体表现形式，这里主要探讨数据或者信息作为生产要素的重要性和存在价值。从信息的普遍性看，信息一直广泛存在于自然界和人类社会，肩负着交流、传承等诸多使命。在信息时代，我们把“cyberspace”翻译成“网络空间”。网络空间已经成为一个相对独立的存在空间，其作用日益重要。尤其是 2011 年 5 月美国《网络空间国际战略》的提出，第一次从国家战略层面提出了网络空间，更是从国家战略的角度表达了对网络空间的重视。作为一个以现实空间为基础的网络空间，其内部的核心资源就是加工或者未被加工的信息。在信息时代，信息的作用被无限放大，潜力被充分挖掘，信息以其独特的价值，架构了以其为核心的网络空间。

信息时代，信息的作用被人们高度重视，信息的获取渠道也日益多样化，快速、便捷地获取信息正是信息时代的一大特征。人们可以借助手机、电脑、互联网等工具和手段，把实时看到、听到的信息完整地上传到网络上，使他人能够及时地了解发生的实况。因此，信息时代，信息的动态性较强。由于信息传播手段的便捷和特殊的传播空间渠道，使得信息更新速度快，这种即时性传播，信息的时效性得以保障。在很多情况下，信息的这种分享式的传播，使得信息的作用和价值得以最大化。一条信息被共享后，可能迅速达成一种社会共识，对各种社会主体，如政务主体、商务主体、社会各界的参与者等产生影响。信息时代，信息正以独特的方式影响着政治、经济、社会、生活的方方面面。信息时代，信息的各种特征被充分地利用和展示，甚至包括虚假信息也得以发展。信息的普遍性、客观性、动态性、时效性、可识别性、可传递性、可共享性等特性淋漓尽致地表现出来。数据（信息）已经成为互联网时代一种重要的生产要素。

生产函数主要是建立在对生产要素的量化分析上形成的模型，生产函数是确定投入与产出之间关系的数理模型、图形或图表，前提是一定的技术约束。如生产函数一般用如下公式表示，投入的$Q=f\left(L,K,N,E\right)$，式中，各变量分别代表产量、投入的劳动、资本、土地、企业家才能。其中N是固定的，E难以估算，所以一般的简化为：$Q=f\left(L、K\right)$。

例如，目前研究投入—产出关系最为广泛使用的是道格拉斯生产函数：$Y=A\left(t\right)L^{\alpha}K^{\beta}\mu$，式中：$Y$—工业总产值，$A$（$t$）—综合技术水平，$L$—投入的劳动力数（单位是亿元或万元），$K$—投入的资本，一般指固定资产净值（单位是亿元或万元，但必须与劳动力数的单位相对应。如劳动力用万人作单位，固定资产净值就用亿元作单位）。α是劳动力产出的弹性系数，β是资本产出的弹性系数，μ表示随机干扰的影响，$\mu\leqslant1$。

我们可以看出，道格拉斯生产函数作为一个乘数的公式，任何一个要素为0，产出也必然为0。这一公式确定了生产环节中任何一个要素的不可或缺性，即要素可以结构性调整，但不能被完全替代，否则不会产生产出。但是在公式中，也假定了代表综合技术水平技术的t为常数项，即技术水平的恒定性，另外也没有涉及企业家的才能这一要素。

综上所述，在传统的西方经济学的供给理论研究中，假设其他因素不变，只考虑价格和供给之间数量关系的假设；厂商理论中重“厂”而忽略“商”；经济理性人假设下的均衡；生产要素和生产函数等方面的研究。在工业经济的初期和中期，人们针对当时条件下的主要问题，进行了比较科学的分析。可以说，在当时条件下，这种分析是相对科学的理论描述和分析。但随着社会经济条件的变化，这种假设和分析受到越来越多的质疑。尤其是在互联网时代，互联网不断对传统工业经济进行创新和变革。针对这一现象，传统经济学在解释互联网经济的现象和本质方面愈显苍白。我们需要在原有的基础上不断地完善经济学，并针对互联网经济时代的经济现象和变革进行重新审视和分析。

二、消费的供给侧结构性改革

我国已经步入以经济增长速度换挡和经济增长动力转变为特征的经济新常态，经济发展所面临的环境与发展特点都与之前有所不同，这就要求经济改革与政策调控做出相应转变。供给侧结构性改革作为我国当前经济领域重要的改革举措，对我国经济发展具有重要的作用：短期来看，能够有效解决当前经济领域的突出问题和矛盾，为经济发展提供新的动力；长期来看，能够为创新驱动打好基础，促进经济发展转型和产业结构升级，进而成为推动新时代中国特色社会主义建设的重要经济措施。

（一）供给侧结构性改革概述

2015 年 11 月，习近平同志在中央财经领导小组第十一次会议上提出，在适度扩大总需求的同时，着力加强供给侧结构性改革，着力提高供给体系质量和效率。这是第一次明确提出供给侧结构性改革的概念。2015 年 12 月 18 日至 21 日召开的中央经济工作会议，将 2016 年的年度任务归结为去产能、去库存、去杠杆、降成本、补短板五大任务，这实际上也是供给侧结构性改革的任务。2019 年 3 月 5 日，国务院总理李克强在发布的《2019 年国务院政府工作报告》中提出，过去一年，深化供给侧结构性改革，实体经济活力不断释放。2020 年 5 月，习近平总书记在中央政治局常委会会议上提出，要深化供给侧结构性改革，充分发挥我国超大规模市场优势和内需潜力，构建国内国际双循环相互促进的新发展格局。

1. 供给侧改革的背景

（1）经济学的时效性正在驱动新的经济理论和政策的创新

经济学具有时效性，其研究的领域、范围、达成的主要结论和核心观点都是在一定时期、一定条件下才具有意义。经济学产生到如今，经历了重商主义、古典经济学、新古典经济学和当代西方经济学等阶段，当代的西方经济学主要包括凯恩斯主义、后凯恩斯主义、新自由主义、新凯恩斯主义等流派和观点。比如，重商主义时期，作为经济学的萌芽阶段，主张的是原始的国家干预经济的主张；而古典经济学时期，则是主张自由主义，并把研究领域从流通扩展到了生产，提出了分工理论、劳动价值论、“经济人”假设、“看不见的手”、比较优势等理论；在新古典时期，创立了边际分析的方法，主要研究的是制度约束下的资源配置问题。正所谓“江山代有才人出”，各个学派在经济发展的不同时期，提出和完善了针对当时经济特色的相关理论，丰富了经济学的学科体系。当前，国际国内的经济发展较快，经济形势变化较大，传统西方经济学的供给理论在诠释新的经济问题、指导经济运行中存在着诸多缺陷，经济学理论的科学性、预测的前瞻性和指导实践工作的意义正在被淡化。经济学的时效性要求驱动新的经济理论创新和政策调整。

（2）“新常态”下经济学创新的内在要求

2014 年 5 月，习近平在考察河南时提出了“新常态”的概念，他指出，“中国发展仍处于重要战略机遇期，我们要增强信心，从当前我国经济发展的阶段性特征出发，适应新常态，保持战略上的平常心态。”新常态经济主要有几个特点：一是从高速增长转为中高速增长；二是经济结构不断优化升级，第三产业消费需求逐步成为主体，城乡区域差距逐步缩小，居民收入占比上升，发展成果惠及更广大民众；三是从要素驱动、投资驱动转向创新驱动。在这样的实践背景下，经济学的研究视角、方法、工具和学术规范等方面，也要适应新常态经济发展的特点，从而不断地创新。

（3）更好地解答经济学的三个基本问题是供给侧改革提出的直接原因

经济学的三个基本问题是生产什么、为谁生产和怎么生产。这是站在供给的角度来研究生产资源的配置、产品的分配和生产效率的问题。在生产什么的问题上，“产能过剩”的问题是中国经济结构调整中的重要问题，已经成为中国新经济发展的“包袱”，这涉及人力、资金、土地等生产要素的闲置、浪费和资源成本的提升等问题，是资源优化配置中“不可承受之重”。适度的产能过剩是市场主导下的一种常态。作为微观主体，企业对市场前景的判断和产品生命周期各个阶段的惯性，都会产生正常的产能过剩，这种产能过剩可以通过市场内部进行正常化解，不会造成过度的资源浪费。但中国目前的产能过剩主要不是这种“适度性产能过剩”，而是带有结构性和全局性的严重问题，溯源也更为复杂。既有传统计划经济遗留下来的惯性供给思维的问题，也有垄断资源性供给等一系列问题，更有对需求反应迟钝、不明白“为谁生产”的问题。互联网经济的条件下，供需矛盾尤为突出。从满足需求的角度，既有产业需求的满足，也有消费需求的满足，这对供给提出了较高的要求。传统的供给方式和供给模式应对互联网经济状况下的需求满足力度不足，同时制度僵化、生产供给和商业供给均难以与市场需求有效对接。在“怎样生产”的问题上，提高效率和效益的生产方式、方法和创新性认识不够，生产性服务和消费性服务均未能达到市场的要求。所以，笔者认为，对于经济学三个基本问题重新解析和认真回答，是供给侧改革的重要背景和理论的内在要求。

2. 供给理论的溯源

供给问题和需求问题是经济运行的核心问题，每一个时期的经济理论和国家政策都离不开针对这一对问题的诠释和演绎。

①凯恩斯主义。凯恩斯认为宏观的经济趋向会制约个体的经济行为，商品的总需求减少是经济衰退的根本原因。因此，主张国家采用扩张性的经济政

策，通过增加需求促进经济增长，即扩大政府开支、实行财政赤字、刺激经济、维持繁荣。

这种扩张性的经济政策在二战结束后的一段时期内风靡一时，许多国家据此制定政策并取得了积极的成果。但随着经济复苏到繁荣，这种刻意的扩大需求刺激了经济增长的方式，带来了经济的结构性问题，导致19世纪70年代西方经济出现生产停滞、失业严重，同时物价持续上涨的"滞胀"局面。在这样的背景下，作为一个经济流派，"供给学派"应运而生。

②供给学派的观点。供给学派不是一个系统完整的理论研究学派，它更像一个基于某个问题如解决"滞胀"问题的一些观点和看法的集合。为了方便称呼，笔者也称其为"学派"。该学派的主要代表人物有芒德尔、拉弗和万尼斯基等人。他们主要的政策主张是降低税率、鼓励生产，同时恢复金本位、稳定美元价值来抑制通货膨胀。供给学派的主要观点包括生产的增长决定于劳动力和资本等生产要素的供给和有效利用；个人和企业提供生产要素和从事经营活动是为了谋取报酬，对报酬的刺激能够影响人们的经济行为；自由市场会自动调节生产要素的供给和利用，应当消除阻碍市场调节的因素，主张减税，主张大量削减社会支出，停办不必需的社会保险和福利计划，降低津贴和补助金额，严格限制领受条件等。该学派强调需求会自动适应供给。

引用拉弗的描述："提供一套基于个人和企业刺激的分析结构。人们随着刺激而改变行为，为积极性刺激所吸引，见消极性刺激就回避。政府在这一结构中的任务在于使用其职能去改变刺激以影响社会行为。"

③供给学派的政策实践。"里根经济学"以里根总统执政期间的经济政策而得名，重点是通过削减政府开支和控制货币供应量的增长，降低通货膨胀率；通过减税和加速企业折旧，以及改革一系列有碍于生产的规章制度，为企业经营者提供宽松的环境和市场自由竞争的政策空间，调动企业经营者和投资者各方面的积极性，摆脱停滞和膨胀，促进经济的稳定和发展。这项被称为"劫贫济富"的经济政策在当时从提高劳动所得的角度取得了较好的效果。

"撒切尔主义"是撒切尔夫人执政期间的系列主张。为应对经济滞胀危机，英国撒切尔政府积极倡导减少政府干预，推行以现代货币主义和自由化为核心的经济政策，被称为撒切尔主义。

关于里根经济学和撒切尔主义的争论较多，但从经济学的角度上看，两位领导人在执政期间的主要主张都带有"供给学派"的特色观点。

3. 供给侧改革不是美国供给学派理论的延伸

从名称和部分的内容上看，我国提出的供给侧改革很容易被误解为是“供给学派”的观点主张在中国的实践。实际上，从背景、立足点和主要内容方面分析供给侧改革与供给学派均有较大的差别。

一方面，实践背景差异。供给学派的实践中，里根经济学和撒切尔主义经济政策主要面对的是当时的经济停滞和通货膨胀问题，是针对经济危机这一现象所做出的应答题。因此在政策表现方面，其刺激性、财政性的特征明显。而我国的供给侧改革的提出，并不是以经济危机爆发为背景，也不是为了解决当时意义上的“滞涨”，而是为了从根本上解决经济长期高速增长带来的系列问题，进一步避免潜在问题所进行的较长期的战略性布局。

另一方面，理论立足点不同。供给学派的实践中，凯恩斯主义的需求扩张政策在实践中受挫，并开始受到质疑，而从供给的角度进行的改革和调整，也是在这样的实践中提出“供给经济学”的流派。而供给侧改革的立足点是“新经济”“互联网经济”，所要解决的也不是“需求扩展”受挫的问题，而是经济发展中的结构性问题，根本目的是提高社会生产力水平，落实好以人民为中心的发展思想。

此外，在政策内容和重点等方面，二者也存在着显著的不同。在下面的内容中会涉及。

二者不同的背景和立足点决定了不同的政策和措施，供给侧改革的提出立足我国经济结构调整的大背景，是在“新经济”“互联网经济”发展的形势下，对系统经济理论的传承和重塑，是对经济结构战略性调整。

（二）供给侧结构性改革

创新、协调、绿色、开放、共享的新发展理念，是指导我国“十三五”期间甚至更长时期经济社会发展的基本原则，对我国经济的转型发展进程，以及实现“两个一百年”奋斗目标有着重要影响。而供给侧结构性改革，紧扣我国当前阶段经济发展的主要问题与增长方式转变的需求，是“十三五”期间乃至更长时期促进我国经济持续发展的战略举措。供给侧结构性改革必须以新发展理念作为指导原则，在去产能、去序存、去杠杆、降成本、补短板等具体工作中，全向、有机、综合地体现新发展理念的要求，才能真正提升相关改革的效果，加速经济转型和创新驱动的进程。

1. 新发展理念是对当前阶段经济发展的全局性指引，而供给侧结构性改革则是当前促进经济发展的战略性举措，后者应遵循前者的指导

我国经济正处于由粗放型经济增长方式向集约型经济增长方式转变的阶段，处于发展动力由要素推动和投资推动向创新驱动转变的阶段，转化发展是未来较长时间内经济发展的主题。而新发展理念体现了当前阶段经济转型发展的各方面要求："创新"解决了发展的动力问题；"协调"解决了发展的不均衡问题；"绿色"解决了资源环境问题；"开放"解决了内外联动问题；"共享"则解决了发展进程中的社会公平正义问题。实际上，新发展理念是对当前阶段经济发展的全局性指引，经济发展的各个方面及各项具体工作均应以此为指导。

从其地位看，供给侧结构性改革与政策一样，属于政府调控经济的手段，只是这一改革所涉及的内容更广、相关措施更加复杂、对经济更具长远影响。这就决定了供给侧结构性变革必须遵循新发展理念，唯有如此，才能真正适应经济新常态，使供给侧结构性改革成为实现党中央经济发展战略部署的坚实行动基础。

从新发展理念和供给侧结构性改革的目标导向看，二者具有高度的一致性。作为一个有机整体，新发展理念系统体现了全面提升经济增长质量的要求。在粗放型经济增长模式下，高速的经济增长与突出的资源环境破坏、发展失衡等一系列问题共存，经济增长的质量较低。创新、协调、绿色、开放、共享的新发展理念，则处处强调经济增长质量的提升。而供给侧结构性改革的直接目标是解放和发展生产力，通过相应的改革，不断提升供给侧的全要素生产率，并促进供给与需求的动态均衡。当然，供给侧结构性改革也并非简单地提升生产效率，而是"既强调供给又关注需求，既突出发展社会生产力又注重完善生产关系"，实际上形成了一个复杂的目标体系。而从整体上看，这个目标体系呈现出高度的经济增长质量提升导向，如提高全要素生产率，暗含了通过生产关系调整（如各项政策变动）、生产力进步（核心是技术创新），提高整个经济体的综合生产效率和竞争力，实质上就是经济增长质量的提升。因此，新发展理念和供给侧结构性改革的基本目标导向是一致的，区别在于新发展理念所体现的目标导向更为宏观、体系性更强，而供给侧结构性改革的目标相对更具体，在追求具体目标的进程中很容易出现过分偏重单一目标的情况，这也要求供给侧结构性改革必须严格遵循新发展理念。

2. 供给侧结构性改革必须突出创新发展理念的战略导向地位，紧紧把握时代发展主题

第一，过去以需求侧为主导的相关改革在促进技术创新方面存在不足，需要供给侧相关改革予以配合，形成协力推动创新发展。很长时间以来，创新能力的提升是我国政策引导的重点，技术创新相关的政策扶持力度大、涉及面广，但是效果不能令人满意，尤其是在原有政策基础上继续加大扶持力度的增量政策，其边际效应更低。造成这一个问题的根源在于，自主创新能力的提升是一个较为缓慢的过程，需要多种因素的协同作用才能稳步推进。而我国当前技术创新的综合环境还不够完善，需要从供给侧等多方面继续完善相关支撑因素。例如，随着经济发展进入新常态，我国制造业企业面临劳动力成本不断增加、产品价格低迷的情况，使得企业即使具有创新意愿也缺乏相应的资金投入能力；部分行业产能过剩问题严重，过度竞争的行业发展环境严重影响了相应行业的整体盈利能力和利用创新推动产业升级的进程，其中就包括部分政策大力扶持的战略性新兴产业，如光伏产业出现了在没掌握产业核心技术的情况下，产能就陷入过剩的现象。这一系列问题，依靠传统的调控手段已经难以解决，必须在供给侧方面寻求更为广泛的改革，才能真正推进技术创新能力的提升。

第二，供给与需求之间的结构性矛盾，需要通过供给侧方面的创新予以缓解。长期的粗放型经济增长模式，造成我国供给体系具备突出的大规模工业化生产特征，而随着与之匹配的模仿型排浪式消费阶段基本结束，供给侧无法适应个性化、多样化和日益高端化的需求变动趋势，供给与需求之间的矛盾正不断加剧。这就要求供给侧结构性改革应以创新发展为战略导向，一方面积极采用物联网、互联网、机器人等现代化生产技术，仿照德国工业 4.0 的发展趋势，探索适合我国国情的现代生产体系革命，造就适应多样化、个性化需求的智能生产体系；另一方面，加大自主技术创新力度，不断增加新产品的种类，提高产品品质。在高档产品和服务方面不断缩小与发达国家的差距，进而促进我国从经济大国到经济强国的转变。

第三，“三去一降一补”工作着于眼前阶段亟须解决的紧迫任务，实际上服务于经济转型发展和创新驱动战略。“三去一降一补”任务涉及的问题十分突出，如果这些问题不能尽快解决，将影响我国未来经济转型发展和创新驱动战略。例如，房地产去库存问题表面上和经济转型发展的关系不大，但实际上，最近十几年房地产价格的快速上涨和房地产行业的迅猛发展，已经对我国经济转型发展及创新驱动战略产生了较大影响。房地产价格的迅速上涨，导致

企业机会成本迅速上升，使得大量资金从实体经济流出，影响了实体经济的健康发展，并在一定程度上妨碍了技术创新及创新型创业活动。要从根本上解决这个问题，就需要借助去库存的相关措施，加速使房地产回归正常的行业进程，逐步矫正其对经济发展的扭曲，为未来经济转型和创新驱动打好基础。但是，应该看到，“三去一降一补”五项任务所涉及的因素非常复杂，在推进过程中有可能出现与创新发展要求有所不符的现象，这就要求我们必须在此过程中贯彻好创新发展理念。

3. 供给侧结构性改革必须注重新发展理念的综合性和全面性，不能有所偏废

除了创新发展观念外，协调、绿色、开放、共享理念同样是供给侧结构性改革必须遵循的理念，在实际工作中，必须用联系的观点看待这五个理念，将五者牢牢拧成一股绳，综合地、全面地贯彻新发展理念，不能过分执着于单一或者其中几个理念，而忽略了其他理念。

协调发展的核心在于统筹把握不同领域工作之间的关系，主要体现为城乡之间、不同区域，以及经济建设与社会建设、国防建设等方面的协调。绿色发展的核心在于发展过程中依托技术创新和产业变革，大力促进节能环保、资源节约型产业发展及相关技术的应用普及。开放发展的核心在于在利用好两个市场和两种资源的基础上，不断在国际贸易相关规则制定和话语权把握上下功夫，促进我国开放性经济向更高层次发展。共享理念的核心在于让广大群众分享到发展的果实，使他们在经济不断发展的进程中，感受到生活水平的提高和社会福利的改善。这个理念和供给侧结构性改革也有紧密联系，如去产能任务中，就必须高度贯彻绿色发展的原则，尤其是高耗能、高污染的相关产业，必须依照这一原则推进相关的工作，而不能以经济增长过快等为借口，变相维持落后产能的存在。另外，供给侧结构性改革的各项工作，必须真正综合和全面遵循新发展理念。比如，去产能工作，除了考虑绿色发展之外，还需要考虑其他方面的理念，如去产能过程中，会涉及大量的下岗工人问题，如何科学合理地安排下岗，免除下岗工人的后顾之忧，体现共享的发展理念，也是必须要考虑的问题。

需要注意的是，供给侧结构性改革的具体任务是错综复杂的，如何全面、综合地贯彻好新发展理念，并非是一眼能看透的简单问题，相反，需要科学去研究和部署。在推动改革之前应全面分析相关的状况，系统研究新发展理念如何科学地体现在各项任务之中，并在事中和事后及时根据相关反馈进行重新评估和调整。例如，房地产去库存是一个涉及面广、产生原因复杂的系统性经济

难题，如何在此进程中贯彻好新发展理念就需要认真研究。首先，房地产问题不是简单的经济问题，它还涉及社会公平正义和人们的基本生活权利；其次，房地产价格无论上升或者下降，都会引发一些风险，继续上升将会继续吹大泡沫，而价格下降，尤其是过快下降可能对金融体系、经济发展等造成较大影响；最后，不同地区房地产行业发展的情况、主要的矛盾有很大差异。房地产去库存任务的这些特点，就决定了我们必须仔细权衡各大理念，真正在仔细研究之后确定相关策略。

（三）双循环理论

构建国内国际双循环相互促进的发展新格局这一理念，最早于2020年5月14日在中共中央政治局常委会会议上首次提出，这是党中央在国内、国际环境发生显著变化的时代背景下，发展更高层次的开放型经济的重大战略部署。

自1978年改革开放以来，我国取得了举世瞩目的发展成就，经过40多年连续不断的高速经济增长，我国逐步转变成为工业大国，走出了一条适应中国国情的发展道路。中国实现了从封闭向融入全球化进程的重大转变，贸易政策由改革开放前的进口替代和自力更生逐步转变为改革开放后的出口促进，对外贸易、吸引投资和对外投资成了中国经济最有活力的领域，带动了整体经济的高速增长和城市化、工业化发展。姚树洁等利用中国改革开放以来的经济发展成果，检验了外商直接投资对新型工业化国家发展历程的影响，发现外商直接投资是提高国内生产技术效率的推动器，有利于降低国内生产的非效率，与此同时，外商直接投资也是生产前沿的移动器，有利于加快中国的技术进步。虽然外商直接投资的竞争效应会对国内企业的创新能力产生负面影响，但是可以通过示范效应和技术人员的流动等因素促进国内企业的技术研发。出口贸易和外商直接投资对中国的经济增长具有重大的促进作用，这也为中国以外的发展中国家和经济转型国家提供了宝贵的发展经验。中国也在不断向全球价值链上游高附加值环节进行整合和攀升，逐步成了全球贸易体系、全球供应链和价值链体系的重要节点，商品贸易和服务贸易领域的进口和出口均取得了很大的进步。

基于当前国际经贸格局的全新变化，面对外部环境不确定性和内部结构转型升级，协调国内国际两个循环的关系，我国需要从以下六个方面发力。

第一，我国要始终坚持开放包容的发展原则，提升开放的质量和效率，与发达国家的合作不能中断，要尽一切可能与全球创新中心保持密切联系，确保技术、市场、信息、人员交流等方面的连续性。

第二，即使外部环境恶劣，我国仍然要坚持大国胸怀，坚持对外国投资和外国企业保持开放的态度，让全球跨国公司的企业和资本融入我国市场，并给予充分的发展空间，依法保护私人资本和外国资本的安全，这是稳外贸、外资非常重要的手段。

第三，我国要加强多边技术、教育和人员交往的合作，把握机遇，防范风险。我国从全球价值链体系的中低端向中高端转移的过程中，面对着两种机遇和挑战。一是技术进步的机遇与不能脱钩的挑战，也就是说，我国要不断冲刺全球技术前沿，就必须与发达国家保持合作关系，这样才能保证我国的技术发展始终以世界最前沿的水平作为坐标系，不断进行追赶。二是新兴市场的合作机遇与各类不确定性造成的挑战。正因为我国当前的技术发展正处于从中低端向中高端转移的阶段，众多发展中国家如东盟、非洲和“一带一路”沿线国家，与我国的技术合作和出口产品有很强的互补性，这就为我国的多边技术合作创造了全新的发展机遇。但是，这些国家相对而言体量较小，需求能力有限，并且其中很多是比较落后、债务水平比较高的国家，政治稳定性不够强，这些因素使我国在这些国家的投资和贸易面临着各种各样的不确定性风险。因此，我国在积极开展国际多边合作、促进国内国际两大循环互补发展的过程中，既要防范发达国家对我国进行技术封锁的风险，也要防范新兴市场、发展中国家债务不能偿还、政治内乱和不遵守合约的诚信风险。

第四，要注重分化风险，扩展贸易合作伙伴，在技术创新、国际贸易、投资往来等方面争取主动权，充分估计国际贸易、国际投资和技术人员交往的中长期风险，摆脱受制于人的一切可能。在国际供应链、产业链和技术链体系内，我国要灵活多变，不能千篇一律，要有充分的备案选择，同时要具备底线思维，即使是面临最糟糕的情况，也要有能够抗住打击的信心和实力。

第五，要强化自由贸易试验区、自由贸易港和内陆开放高地建设，充分发挥中欧班列、国际贸易新通道等贸易路径对“双循环”的支撑作用。

第六，外向型企业，包括外资企业，产品类型和销售渠道要更加灵活多样，要有足够的备胎计划，一旦外部市场受到冲击，国内市场要有足够的回旋空间，这样就不至于受到短期的冲击而导致大规模的企业倒闭和失业，从而增强外向型企业和外资企业的发展韧性。

三、互联网经济的供给

（一）互联网经济的生产性供给

1. 网络化采购

网络化采购是借助互联网，通过电子商务平台或者其他渠道寻找产品及供应商资源，利用网络信息交流的便捷与高效进行产品的性能价格对比，并将网上信息处理和线下实际采购操作过程相结合的一种新的采购模式。通过电子商务，在采购环节实施网络化，实施企业对中间产品、原材料及相关服务进行电子商务化，利用网络资源丰富性的特点货比三家，择优采购，提高效率，降低成本。

2. 工业设计的互联网化

工业设计作为创意型产业，在现代生产中发挥着日益重要的作用。一方面，工业设计可以作为生产环节的一个组成部分，属于制造的一个环节；另一方面，工业设计可以作为生产性服务业，作为一个独立的第三方产业，为生产制造提供服务。作为独立的第三方生产性服务业，工业设计可以通过电子商务的模式为异地的企业提供设计服务，打破空间限制，让企业有更加多样化的选择，也让部分工业设计缺乏的地区能够平衡优质资源，实现网络化的互动和补充。

3.ERP 管理体系

互联网与供应链管理结合，实施 ERP 系统，即企业资源计划，将生产资源计划、制造、财务、销售、采购、质量管理，实验室管理，业务流程管理，产品数据管理，存货、分销与运输管理，人力资源管理和定期报告系统等，运用网络经济时代的新一代信息系统改善企业业务流程。加强内部管理，总公司与下属公司及各职能部门有组织、有计划地统一管理，减少环节、提高效率、降低成本，提高企业核心竞争力。同时，互联网经济时代是以速度取胜的时代，信息化的供应链系统中，帮助企业把供应商和客户较完整地纳入企业自身的供应链系统中，及时地了解原材料和制成品的库存和市场供求状况，形成供应商、制造商、渠道商、客户之间的良性互动。

4. 柔性化生产

电子商务与生产领域结合，为生产领域带来了新的生产理念——柔性生产。柔性生产是“以客户为中心”的理念在生产领域的延续。互联网经济的发展，激发了消费者的潜在消费需求，市场需要多样化、快捷性、个性化的产品，这对以规模制造为主体的传统生产方式是一种挑战。柔性化生产通过组织结构、渠道模式及生产系统等方面的改革，使生产系统能对市场需求变化做出快速的反应，从而为企业获得更大的效益。计算机、网络化及自动化技术是柔性生产的物质技术基础。

5. 服务性外包

“轻公司”是互联网时代的一种模式创新的公司经营理念，主要依托独特的技术平台，通过互联网工具，在传统行业的价值链中找到崭新的商业模型。这种理念的核心是，企业要充分发挥核心竞争力，把自己所不擅长的那部分业务外包出去，从而更加聚焦于自己的核心业务，而相关的专业外包公司也能提供更加专业、优良的服务，进而降低企业的成本，这是一个双赢的局面。

6. 市场覆盖率提升

互联网经济可以打破传统渠道的“市场推广和覆盖难题”。在传统的渠道模式下，受制于规模不经济的影响，存在规模经济效益递减的区间。西方的经济理论研究表明，规模经济一般出现在厂商经营的初始阶段，厂商由于扩大生产规模而使经济效益得到提高，这叫规模经济；而当生产扩张到一定规模以后，厂商继续扩大生产规模，会导致经济效益下降，这叫规模不经济。当规模经济到达临界点后，就会出现规模不经济现象。在影响和制约规模经济的因素中，除了自然条件和社会政治历史因素外，最主要的就是经济因素，如资金、市场、劳力、运输、专业化协作等方面。企业经营中，力求规模经济，竭力避免规模不经济，力求与制约规模经济发展的要素达成平衡。

7. 客户服务水平的提升

一般来讲，客户服务水平可以从以下几个方面来考量。交易商品的可能程度——客户订单需求的满足可能性高低；备货时间——客户需要等多少时间才能满足订单需求；提供的柔性（可变性）服务程度——对客户需求变更的应对能力；信息处理的及时与准确性——各种信息的传递效率；差错率及纠错能力——降低差错发生概率，同时纠正差错的能力；售后服务的支持——后续服务的种类及其及时性，等等①。互联网经济在连接生产和消费的服务创新中，实现其价值创造等价值经济活动，并通过消费性服务和生产性服务来实现其价值经济的活动。就其生产性服务而言，其对传统制造业的提升和创新的活动也是通过对消费市场的挖掘来实现的。因此，对消费信息的深入挖掘是互联网价值经济实现的路径选择。

① 夏春玉．物流与供应链管理[M].沈阳：东北财经大学出版社，2016：206.

与传统商务的发展相比，现阶段的互联网经济发展中，可能看到更多的是基于消费者的商务模式的互补性变化。

（二）互联网经济的商业性供给

1. 基于物流信息服务平台的“互联网+”高效物流建设

（1）构建物流信息共享互通体系

发挥互联网信息集聚优势，聚合各类物流信息资源，鼓励骨干物流企业和第三方机构搭建面向社会的物流信息服务平台，整合仓储、运输和配送信息，开展物流全程监测、预警，提高物流安全、环保和诚信水平，统筹优化社会物流资源配置。构建互通省际、下达市县、兼顾乡村的物流信息互联网络，建立各类可开放数据的对接机制，加快完善物流信息，交换开放标准体系，在更广范围促进物流信息充分共享与互联互通。

（2）建设深度感知智能仓储系统

在各级仓储单元积极推广应用二维码、无线射频识别等物联网感知技术和大数据技术，实现仓储设施与货物的实时跟踪、网络化管理及库存信息的高度共享，提高货物调度效率。鼓励应用智能化物流装备提升仓储、运输、分拣、包装等作业效率，提高各类复杂订单的出货处理能力，缓解货物囤积停滞瓶颈制约，提升仓储运管水平和效率。

（3）完善智能物流配送调配体系

加快推进货运车联网与物流园区、仓储设施、配送网点等信息互联，促进人员、货源、车源等信息高效匹配，有效降低货车空驶率，提高配送效率。鼓励发展社区自提柜、冷链储藏柜、代收服务点等新型社区化配送模式，结合构建物流信息互联网络，加快推进县到村的物流配送网络和村级配送网点建设，解决物流配送“最后一公里”问题。

2. 互联网与传统行业进一步融合，拓宽电子商务发展空间

（1）积极发展农村电子商务

开展电子商务进农村综合示范，支持新型农业经营主体和农产品、农资批发市场对接电商平台，积极发展以销定产模式。完善农村电子商务配送及综合服务网络，着力解决农副产品标准化、物流标准化、冷链仓储建设等关键问题，发展农产品个性化定制服务。开展生鲜农产品和农业生产资料电子商务试点，促进农业大宗商品电子商务发展。

（2）大力发展行业电子商务

鼓励能源、化工、钢铁、电子、轻纺、医药等行业企业，积极利用电子商

务平台优化采购、分销体系，提升企业经营效率。推动各类专业市场线上转型，引导传统商贸流通企业与电子商务企业整合资源，积极向供应链协同平台转型。鼓励生产制造企业面向个性化、定制化消费需求深化电子商务应用，支持设备制造企业利用电子商务平台开展融资租赁服务，鼓励中小微企业扩大电子商务应用。按照市场化、专业化方向，大力推广电子招标投标。

（3）推动电子商务应用创新

鼓励企业利用电子商务平台的大数据资源提升企业精准营销能力，激发市场消费需求。建立电子商务产品质量追溯机制，建设电子商务售后服务质量检测云平台，完善互联网质量信息公共服务体系，解决消费者维权难、退货难、产品责任追溯难等问题。加强互联网食品药品市场监测监管体系建设，积极探索处方药电子商务销售和监管模式创新。

（4）加强电子商务国际合作

鼓励各类跨境电子商务服务商发展，完善跨境物流体系，拓展全球经贸合作。推进跨境电子商务通关、检验检疫、结汇等关键环节单一窗口综合服务体系建设。创新跨境权益保障机制，利用合格评定手段，推进国际互认。创新跨境电子商务管理，促进信息网络畅通、跨境物流便捷、支付及结汇无障碍、税收规范便利、市场及贸易规则互认互通。

（三）互联网经济的供给商品

1. 传统商品和互联网特色产品的融合转换

无论是传统商品的挪移，还是产品借助互联网成为商品，其根本还是传统的商品本质，即使不借助互联网也可能得到，只是成本和代价较高。但是随着互联网经济的发展，原有“传统”产品在向着互联网化的产品转换，即越来越依赖于互联网，互联网已经成为商品构成的有机组成部分。如果互联网经济的生产性供给和互联网经济的商业性供给是借助互联网的渠道和模式使其成为网络经济中的商品，那么随着程度的加深，很多产品本身也逐步发生着改变，互联网特色愈加鲜明。

2. 全新互联网化的商品的创新

如果把互联网经济下的商品按照互联化的程度进行分类，第一层次为传统商品的互联网化和借助互联网实现“产品”的“商品化”，是较为基础的形式；第二层次是融合创新转化后的商品更具互联网经济的特色，可以认为是中级特色的互联网产品；第三层次是基于需求从无到有的创新性的商品才是更具互联网经济特色的高级产品。这种创新型商品多数以服务性产品为主，同时伴随着全新的商业模式来综合呈现。

目前，互联网经济中的商品种类和数量以第一层次的商品为主，部分商品已经开始逐步呈现融合后的互联网时代的特色商品，而第三层次的完全基于互联网创新的商品发展空间很大。在满足消费需求的过程中，随着消费需求的变化，互联网经济在经济、社会、生活等方面融合越深，其创新的特色商品和服务将会越来越多。网络化商品的创新是目前交易商品海量的另一重要来源。

3. 互联网经济下的产品创新

从市场供给和需求的角度看，新产品是在功能、形态上得到改进或与原有产品有一定的差异的产品。产品创新是互联网经济发展的内在诉求，具有天然的创新基础和优势。

第一，互联网经济的产生是“互联网 +”经济，它以一种融合性的方式出现，是对现有商品的一种改进。产品创新一般可以分为改进型、模仿型、降低成本型、重新定位和全新产品等形式。从产品创新的几种分类中不难看出，任何形式的融合，都意味着新产品的产生，“互联网 +”本身就是一种创新。

第二，对消费需求的不断满足是互联网经济的核心课题。互联网经济是在工业经济发展的基础上的，资源稀缺性仍然是互联网经济的基础性经济问题，互联网经济主要解决的不是这个基础性的经济命题，而是在更好地进行供给和需求对接方面发挥自己的独特优势。互联网经济对需求的满足也是分不同层次和不同方面：传统经济下的便捷性和小众市场的满足；通过融合创新把潜在需求转化为现实需求；全新的商品和服务模式。可以说，需求的无限性正是互联网经济产品和模式创新的源泉①。

第三，产品生命周期的作用表现。产品生命周期演绎了产品的市场寿命，把产品从步入市场到推出市场分为开发期、导入期、成长期、成熟期、衰退期等几个阶段。在产品步入成熟期和衰退期时，创新将成为市场的必然选择。这一理论较好地诠释了产品的产生到推出市场的全过程。互联网经济下的商品也基本按照这一规律在进行市场活动。但是与传统产品略有不同，互联网经济下的产品的生命周期普遍较短，新产品从产生到推出市场的更新速度加快。有人用“快速迭代”这个词来形容互联网时代产品的更新和营销策略。主要是基于传统模式和互联网模式下的不同态度和行为模式下的反应。有观点认为，传统

① 高孟立．市场营销学[M]．西安：西安电子科技大学出版社，2018：132.

市场的用户对产品的容忍度高，而互联网经济下的顾客对产品的容忍度低；互联网产品在推出市场之初并不需要是完善的产品，只要具备核心功能即可。这样在市场上的发展中不断创新，也就是不断地完善的过程，而用户的需求也在不断被激发，容易形成良性的互动，这也是互联网时代逐步加大用户黏性的方式方法。

第三节　消费体制模式改革

一、传统产业数字化深入推进

随着互联网的发展，传统实体经济已无法满足消费者的需求，近十年，电商经济发展迅速，互联网消费经济已逐渐成为大势所趋，在生产生活的各个方面，数字化经济转型逐步开启。

我国数字经济持续高速增长，在推动经济高质量发展中的战略地位和引擎作用不断凸显。数字产业化保持稳定增长是全球共同的发展规律，21 世纪以来，OECD 国家数字产业化与 GDP 增长基本同步，占 GDP 比重基本维持在 4% ～ 8%。近年来，我国数字产业化占 GDP 比重基本维持在 7% 左右。产业数字化快速增长，作为数字经济增长主引擎的地位不断凸显，2018 年，产业数字化规模达到 24.9 万亿元，远超数字产业化。对数字经济增长的贡献度高达 79.5%。2005 年以来，产业数字化年均增速超过 25%，远超同期 GDP 增速。新一代信息技术是创新最活跃的领域之一，其与传统产业深度融合产业数字化转型正在拓展出无穷无尽的新空间，迸发出源源不断的新动能。

（一）数字化转型的经济分析

1. 数字化转型的动因

新科技革命持续打造数字化转型关键动力。21 世纪以来，全球科技创新进入空前活跃的时期，科学技术日益呈现交叉融合趋势，一场更大范围、更深层次的科技革命和产业变革正在重构全球创新版图、重塑产业发展方式。首先，应用驱动、体系融合、开源开放使数字技术保持强大创新活力，网络、计算、感知三大主线迭代升级，与大数据的指数级增长相结合，推动 5G、物联网、人工智能、区块链、量子信息等新一代信息技术代际跃迁、前沿突破。其次，信息技术与生物技术、新能源技术、新材料技术等交叉融合，正在引发以绿色、智能、泛在为特征的群体性技术创新，信息、生命、制造、能源、空间、海洋等领域基础性、原创性突破，带动前沿技术、颠覆性技术不断涌现。最后，新一代信息技术与先进制造技术深度融合，加速推进制造业向数字化、网络化、智能化转型，数字制造、先进材料、智能机器人、无人驾驶汽车等新技术新产品不断突破，网络化协同、智能化生产、个性化定制、服务化延伸等新模式新业态不断涌现，不断培育新增长点、形成新动能。

数据的采集与分析闭环是数字化转型主线。无论是服务领域的共享经济、新零售，还是工业领域的工业 4.0、智能制造等，本质上都是通过把实体世界数字化，转化为数据，再通过对承载物理世界规律的数据进行分析建模，反馈给物理世界，提升物理世界运行效率。所以数据是连接物理世界和数字世界的桥梁，是核心生产要素，是数字化转型的主线。还需要注意 的是，数据驱动是新的技术经济条件下的新特征，但并非基于数据利用的转型才是数字化转型。在数据智能利用之前，网络零售爆发式增长得益于互联网连接人和货物，工业上也通过管理信息系统和自动化改造提升了效率。

要素、过程和产出的数字化是数字化转型的主要内容。数字化转型贯穿创新链、产业链、价值链全过程，具体体现在三个方面：一是要素数字化，包括推动数字技术创新，推进生产设备的数字化改造、培育融合型数字化人才，最重要的是发掘数据这个独立生产要素的潜力；二是过程数字化，主要涉及研发、设计、采购、生产、销售等业务流程的数字化升级；三是产品数字化，体现为产品的智能化升级和服务模式的数字化创新。

2. 数字化转型的机理

数字化转型能够降低实体经济成本、提升效率、促进供需精准匹配，使现存经济活动费用更低，并激发新业态、新模式，使传统经济条件下不可能发生的经济活动变为可能，推动经济向形态更高级、分工更精准、结构更合理、空间更广阔的阶段演进。

一是数字技术极大降低实体经济交易费用。 数字技术使单位信息采集、处理、应用成本极低化，促使经济运行事前、事中和事后交易费用大幅降低。企业内表现为信息成为重要生产要素，降低生产、管理和运营成本；企业外表现为广泛连接、联结，有效解决企业间信息不对称、信息费用和资产专用性瓶颈。

二是数字技术深化实体经济产业分工与生产协同。互联网在实体经济领域应用不断深化，加速产业链分化、重组，新应用、新模式、新业态不断涌现，新型企业和产业组织形态逐步形成；催生智能机器人、虚拟现实、工业互联网等新兴业态，开辟新的产业发展空间；创造云制造、个性化定制、精准服务等制造业新模式。

三是数字技术网络外部性对实体经济作用加速显现。网络价值取决于已连接到该网络的数量，连接数量越多，网络外部性就越大，经济作用也就越显著。互联网通过经济主体之间的广泛连接，大幅提升私人边际收益，导致网络外部性随着连接主体的增加呈现几何倍数的增长，最终形成显著经济作用。

四是数字技术深度触及实体经济领域产权变革。产权是实体经济运行的基础，产权分离程度是经济发展高度的核心标志。数字技术促使传统产权在更大程度和更大范围内更加广泛地实现分离和组合。产权基础方面，传统产权被"加入权"所取代；产权组合方面，传统经济下权力有限分离逐渐被权力分离泛在化所取代。互联网导致机构及主体产权组合不断重构和重新配置，触及经济变革最深层次。

（二）各行业数字化快速发展

各行业数字经济发展水平存在较大差异，表现出三产优于二产，二产优于一产的特征。2018 年，服务业、工业、农业中数字经济占行业增加值的比重（以下简称"比重"）分别为 35.9%[①]、18.3%[②] 和 7.3%（如图 2-6）。工业数字化加快增长，农业、服务业数字经济增速保持稳定。2018 年，工业数字经济比重的提升幅度高于上年 0.7 个百分点，农业、服务业提升幅度较上年增长约 0.3 个百分点。

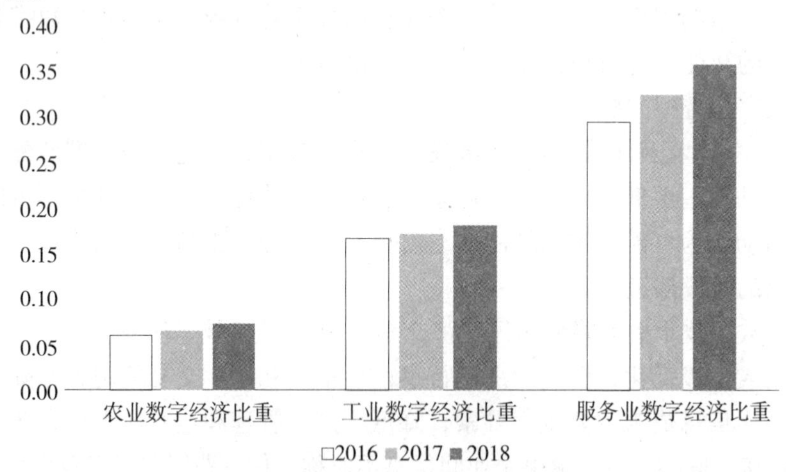

图 2-6　我国各行业数字经济比重

① 不含信息通信服务业、软件和信息技术服务业。

② 不含电子信息制造业。

1. 工业数字化加快推进

2018 年，工业数字经济比重为 18.3%，介于服务业和农业之间，较上年提升 1.09 个百分点。工业各细分行业数字经济发展水平差异较大，约 12% 的行业数字经济比重超过 20%，约 28% 的行业数字经济比重为 10% ~ 20%，超过 60% 的行业数字经济比重不足 10%。工业数字经济比重提升，且呈现加速增长态势。选取工业典型行业，石油和天然气开采产品、黑色金属矿采选产品、纺织服装服饰、家具、医药制品、钢铁及其铸件、汽车整车家用器具，2018 年数字经济比重较上年分别提高 1.0 个、1.3 个、0.8 个、0.8 个、1.0 个、0.9 个、0.9 个和 1.4 个百分点，比重提升幅度分别较上年提高 0.4 个、0.6 个、0.4 个、0.4 个、0.5 个、0.4 个、0.4 个、0.4 个百分点①。

工业互联网取得重要突破。首先，在供给侧，三大核心体系全方位突破。一是网络支撑能力大幅提升，依托全球领先的 4G 网络和光纤宽带网络，IPv6 改造基本完成，标识解析体系“东西南北中”五大国家顶级节点初步建立，新型网络技术和产业发展水平与国际基本相当。二是平台供给能力不断强化，具有一定影响力的平台已经超过 50 个，重点平台连接设备数平均达 59 个，工业 APP 创新活跃。三是安全保障体系加速构建，国家、省和企业及安全监测平台系统推进，自主研发的安全产品加快推广应用。其次，在需求侧，应用渗透全面拓展。一是降本提质增效成果显著。应用企业降成本、有质量、促低碳成效明显。二是行业创新速度加快，制造业关键环节上涌现出一批新模式、新业态，行业价值空间不断拓展。例如，部分制造企业借助工业互联网实现服务化转型，加快向价值链高端迁移。三是融通发展效果凸显。全行业资源汇聚能力不断增强，跨行业、跨地区的企业协作和产集聚发展更为深入。例如，广东通过“工业互联网产业生态供给资源池”打通供需两端，帮助 300 家企业实现降成本增效益。

制造业数字化转型整体推进。制造企业顺应数字化变革趋势，积极用互联网、大数据、人工智能等新一代信息通信技术，从解决企业实际问题出发，由内部改造到外部协同、从单点应用到全局优化，持续推动企业数字化、服务化升级。离散型制造企业的数字化转型探索丰富多样。汽车、航空、电子等产品设计和生产高度复杂的离散型行业中，领军企业外兼顾，全面推进数字化转型。对外通过网络化平台，有效整合全球设计、制造、服务和智力资源，大幅

① 数据来源：中国信息通信研究院。

缩短产品研制周期；对内通过建立生产现场设备、生产管理和企业决策系统纵向集成的数字车间 / 智能工厂，提高生产柔性化水平和生产效率。在家电、服装、家具等需求个性化突出的离散型行业中，领军企业正在探索利用互联网平台打通生产现场与客户端，获取分析海量客户数据，实现自主设计、自动排产，大幅降低设计成本和库存，提高供需匹配效率，提高盈利能力。在工程机械、机床装备、风机制造等对已售设备运维要求高的离散型行业中，领军企业通过在装备和产品中集成传感、控制、通信等功能，对设备进行全面联网，打造大数据监测分析的服务平台，实现设备线状态监控、远程运维和全生命周期管理，加快向服务化转型。流程型制造企业的数字化转型探索全面系统。在制药、化妆品等对生产过程控制极为严格的流程行业中，领军企业通过全流程可视化监测、全过程集中精密控制，形成一体化的智能生产和运维系统，提高产品质量和生产效率。比如，康恩贝药业建立覆盖采购、仓库、生产、质检、销售等全流程的数字化管控系统，实现了对药物生产过程的全程有效监控和自动控制，改善了生产工艺，降低了药物生产质量风险，提升了药品的安全性、有效性、稳定性。在冶炼、石化等对能源控制要求高的重化型流程行业中，领军企业通过构建覆盖能源供、产、转、输、耗全流程能源综合监测系统，建立生产与能耗预测模型、产能优化模型，实现能源生产和消耗一体化优化和协同，提高能源生产效率。比如，九江石化通过建立一体化的能源管控中心平台，以及针对高附加值用能的氢气和瓦斯产耗平衡模型和优化系统，对能源计划、能源生产、能源优化、能源评价的闭环管控，从而实现节能降耗，近三年，能源利用效率提高了 4%。此外，不论是离散型行业中，还是流程型行业中，少数领军企业正在进行业务剥离重组，将企业数字化解决经验形成可复制方案，向外移植给其他企业，带动产业链上下游，乃至全行业数字化转型。比如，美云智数，依托美的集团的智能制造业务实践和 KUKA 机器人的自动化能力经验，已为汽车、家电、新能源等 10 多个行业提供覆盖全价值链的数字化转型服务。

5G 在工业领域的融合应用爆发在即。2019 年以来，全球 5G 商用竞争就已拉开帷幕，我国 5G 研发和产业化加速发展，5G 融合应用在工业领域中发展迅速。在增强型移动宽带（eMBB）场景，5G 的传输能力可以助力工业设计生产线数据分析等环节。工业设计领域，5G 支持工业设计人员通过 AR 增强现实技术将工业产品的设计过程从平面搬到立体空间，实现在真实世界快速地展现工业设计模型，实现设计方案的实时完善优化，加强设计人员对最终产品的直观感受，降低制造企业生产设计成本，提高生产效率。数据分析领域，5G

支持生产实时数据的高速处理分析，这是工业总线或者 WiFi 等连接的传输速率不能实现的。5G 网络可将全生产流程的高清影像和大量数据实时传输回来，远程专家和智能分析系统可以结合产线的情况对生产各个环节进行及时把控，保障生产的顺利进行，优化产线资源分配。在高可靠、低延时通信（uRLC）场景，5G 为海量设备终端提供高质量、广覆盖的连接能力，支持全面采集工业生产信息，进一步推动对工业数据的智能化应用。工业监控领域，制造厂商通过 5G 网络的海量连接能力在工业生产区域部署数以万计的传感器和执行器，进行工业信息的大规模采集和控制，实现产线设备运行状态实时监控，便于及时发现问题，进行提前维护，极大地缩短了处理故障的周期。工业仓储物流领域，5G 支持对海量工业货物的实时运输状态监控，全面支持代运物品入库、仓储、出库、运输等物流环节的数据收集和动态跟踪。5G 能为工业物流业务的有序展开提供良好网络保障，满足工厂运输区域中海量 AGV（自动导引运输车）、无人车、无人机等设备的联网需求，实现对工业产品、货物的全数字化智能化管理，提高整个配送环节的资源优化能力。在大规模机器类通信（mMTC）场景，5G 网络支持工业机器人、自动化控制等应用场景，全面保障生产流程控制的准确、高效。工业机器人领域，制造企业可以在产线上全面部署云端工业机器人，5G 网络可以保证产线机器人与工厂云端控制系统之间的网络传输时延不超过 10ms，支持机器与云端、机器与机器之间的实时协同控制。工业自动化控制领域，在 5G 网络的支持下，可以在对时延极其敏感的高精度生产制造环节上把生产数据传输到工厂核心控制系统，并能保证高精准数据传输，完成对生产作业的控制，全面保障生产任务顺利、高效进行。

2. 服务业数字化持续领先

2018 年，服务业数字经济比重为 35.9%，较上年提升 3.28 个百分点，明显高于全行业平均水平，数字经济发展快于工业和农业。保险，广播、电视、电影和影视录音制作数字经济占据半壁江山，比重分别达到 56.4% 和 55.5%，资本市场服务等约 30% 的行业数字经济比重介于 30% ~ 50%，另有约 61% 的行业数字经济比重介于 10% ~ 30%，建筑装饰和其他建筑服务、餐饮业数字经济比重最低，仅分别为 9.3% 和 6.4%（如表 2-1）。

表 2-1 2018 年服务业典型行业数字经济比重[①]

序号	行业	数字经济比重（%）
1	保险	56.4
2	广播、电视、电影和影视录音制作	55.5
3	资本市场服务	48.7
4	货币金融和其他金融服务	48.6
5	公共管理和社会组织	46.0
6	专业技术服务	44.6
7	邮政	42.7
8	教育	40.0
9	社会保障	39.1
10	租赁	35.5

服务业数字经济一直延续良好发展势头，并加快向规范提质方向发展。互联网普及率的不断提升是服务业数字经济发展的重要支撑，截至 2018 年 12 月，我国网民规模达 8.29 亿，普及率达 59.6%，较 2017 年底提升 3.8 个百分点，全年新增网民 5 653 万，人人联网时代不再遥远。在消费零售领域，《电子商务法》正式出台，对电商纳税、海外代购、虚假评价等当前存在的突出问题进行了回应，标志着电子商务进入规范发展阶段。2017 年，我国实物商品网上零售额达 70 198 亿元，比上年增长 25.4%，占社会消费品零售总额的比重为 18.4%，比上年提高 3.4 个百分点。在智慧物流领域，区块链、人工智能等技术在物流领域优先应用取得显著成效，2018 年 2 月，菜鸟网络宣布已经启用区块链技术跟踪、上传、查证跨境进口商品的物流全链路信息，这些信息涵盖了生产、运输、通关、报检、第三方检验等商品进口全流程，将给每个跨境进口商品打上独一无二的“身份证”，供消费者查询验证。在电子支付领域，移动支付等技术的普及应用大大节约交易双方成本，有助于激活交易和提升效率。2018 年，移动支付业务量快速增长，移动支付业务 605.31 亿笔，金额达 27.39 万亿元，同比分别增长 61.19% 和 36.69%。移动支付平台已经成为一种重要的便捷交易设施，以蚂蚁金服的收钱码为例，据统计，这项服务可以将收银效率提升 60%，节约 1% 的交易成本。在社交娱乐领域，短视频行业进入爆发期，以抖音和快手为代表的短视频正在深度影响和改变着我们的生活，据统计，我国短

① 资料来源：中国信息通信研究院。

视频用户规模达6.48亿，用户使用率为78.2%。在线上教育领域，教育部印发了《教育信息化2.0行动计划》，努力构建数字经济条件下的人才培养新模式、发展基于互联网的教育服务新模式、探索数字经济时代教育治理新模式。

3. 农业数字化相对滞后

2018年，我国农业数字经济比重平均值仅为7.3%，较上年提升0.72个百分点，农业生产数字化水平仍较低，大大低于全行业数字化平均水平，农业数字化发展潜力仍然很大。数字经济比重由高到低依次为林、渔、农、畜，比重最高的林产品行业数字经济比重仍不足13%，远低于服务业和工业平均水平，比重最低的畜牧产品数字经济比重不足5%，低于绝大多数服务业和工业行业，农业数字化转型仍相对滞后，存在较大提升空间。

农业数字经济是发展农业、振兴乡村的重要抓手。2018年中央一号文件《国务院关于实施乡村振兴战略的意见》指出，要大力建设具有广泛性的促进农村电子商务发展的基础设施，鼓励支持各类市场主体创新发展基于互联网的新型农业产业模式，深入实施电子商务进农村综合示范，加快推进农村流通现代化。推动农业数字经济发展的关键在于提高效率、打通销路，具体包括两个方面。一是生产端的智慧农业，将物联网技术返用到传统农业中去，运用传感器和软件通过移动平台或者电脑平台对农业生产进行控制，从而实现农产品生产的数字化、网络化和智能化。目前，互联网企业在农业领域布局加快，既包括国外的软银、亚马逊、谷歌等，也包括百度、阿里、腾讯、京东等国内企业。二是消费端的农村电商，通过网络平台各种服务嫁接于农村资源，拓展农村信息服务业务、服务领域，使之成为遍布县、镇、村的三农信息服务站，拓宽农产品销售市场。据统计，2018年，农村电商超过980万家，带动就业2 800万人，全国农产品网络零售交易额为2 305亿元，同比增加33.8%。

二、行业数字化转型潜在空间分析

数字经济降低实体经济成本、提升效率、促进供需精准匹配，使现存经济活动费用更低，并激发新业态、新模式，推动经济向形态更高级、分工更精准、结构更合理、空间更广阔的阶段演进。交易成本越高、生产效率越低，进行数字化转型对企业降本增效的作用越明显。本报告将从降低成本、提高效率两个方面对数字化转型的潜在空间进行评价，其中，降低成本将主要考虑数字化转型在降低交易成本、管理成本、财务成本方面的作用，提高效率将主要考虑数字化转型对资源配置效率、资本使用效率、劳动生产效率提升的作用。

在离散型行业中，如北京、浙江等省市的计算机、通信和其他电子设备制造业，江苏、重庆等省市的汽车制造业，利用云计算、大数据等新一代信息技术，建立以工业互联网为基础、装备智能化为核心的智能工厂，提升企业内部智能化水平，提高企业外部产业链之间的协作能力，对于企业降低成本和提升效率具有重要作用。在流程型行业中，如浙江、广东等省市的化学原料和化学制品制造业，广东、四川等省市的医药制造业，通过引入数字化、联网化生产设备，加强生产过程数字化建设，从产品末端控制向全流程控制转变，实现原材料和内部生产配送系统化、流程化，实现产品生产全过程跨部门协同，有助于推动企业向“高精尖”发展（如图 2–7）。

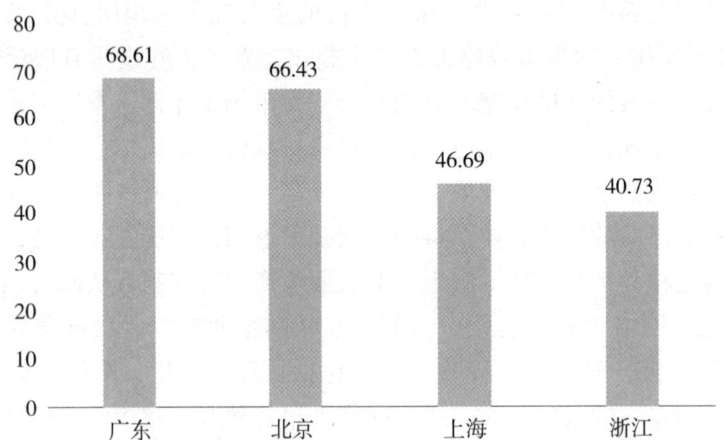

图 2–7　互联网经济发展综合指数排名前四名城市及其发展指数

三、数字化转型的宏观环境与政策导向

（一）宏观环境

从产业变革规律看，数字化转型是大势所趋。我们正在经历数字技术驱动的产业变革。回顾历史，产业变革一般会持 50 ～ 60 年，分为两个阶段，前三十年是通用技术的产业化和初步应用，后三十年是通用技术推动经济社会全面转型。从 20 世纪七八十年代算起，我们已经走过第一个阶段，正迈入第二个阶段，全面数字化转型正进入加速阶段。近年来，电子商务、共享经济、智能制造等数字化新模式、新业态层出不穷，传统企业和数字企业相向而行，都在加快数字化转型。数字化企业成为全球经济中新的主导力量。2018 年，全

球市值前十的企业中，有 7 家是数字化企业，市值占比接近 8 成，十年前只有 4 家，市值占比不过 4 成。从产业现实发展看，数字化转型需求日益迫切。我国产业成本持续高涨，但产业效率却很低。从成本看，2000 ～ 2017 年，我国劳动力的平均工资上升了 8 倍，前几年波士顿咨询公司的报告也认为中国的制造成本逼近美国。从效率来看，我国工业的人均增加值只有美国的 1/5，服务业更低，只有 1/10。我国产业高质量发展必须由要素驱动向创新驱动转型，加快数字化转型是必然选择。信通院的测算表明，近年来工业企业的生产效率提升，有 29% 是由数字技术贡献的。

（二）政策导向

国家越来越重视数字化转型。宏观层面，从 2015 年的“互联网 +”行动计划，到 2017 年的发展工业互联网指导意见，再到 2018 年的数字经济战略，国家级政策文件不断推出。产业层面，工信部也在积极落实国家战略，不断完善政策环境。一方面，积极支持推动 5G、云计算、大数据等数字技术创新发展；另一方面，持续推动两化深度融合，大力发展工业互联网、智能制造，推动制造业加快数字化转型。

近年来，信通院推动成立了数字中国产业发展联盟、工业互联网产业联盟、人工智能产业联盟、数字经济推进方阵等组织，以承接国家总体战略部署、对接各行业，协同华为这样的领军企业和大学、智库等多方面的力量，搭建平台，推进行业标准和政策等方面工作，为各行各业的数字化转型提供良好的支撑条件。

四、数字化转型的发展趋势与展望

从转型范围看，从消费数字化转型向产业数字化转型转变。一直以来，消费领域数字化转型一枝独秀，工业和农业领域相对滞后。信通院的研究表明，产业数字化发展进度总体呈现三产快过二产、二产快过一产的规律，2018 年，服务业、工业、农业的数字化渗透率分别为 36%、18%、7%。这两年开始出现新的变化，互联网等数字技术正在加快从消费领域向产业领域渗透。可以预见，未来三到五年，产业互联网将成为企业创新创业的新风口，数字化转型范围不断拓展。

从转型深度看，从基于连接的转型到基于数据智能的转型。过去十多年，我们见证了互联网的链接作用带给经济社会的巨大变革，我们强调和推动了“互联网 +”。当前，以 5G、人工智能为代表的新兴技术快速发展，让万物互联、数据驱动、万物智能成为可能，国家开始重视“智能+”。以“数据+算法”为本质的“智能+”创新将渗透到各行各业，推动数字化转型纵深发展。

从转型生态看，从碎片化转型向基于平台的生态化协同转型转变。过去的数字化转型是碎片的，发现哪里信息化不足，就补哪一块信息系统。随着云计算、大数据、人工智能等的进步，以及整个技术架构向云端迁移，数字技术正在变得平台化、通用化、共享化。以数字平台为核心，汇聚产业供需双方，构建数字化转型产业生态正在成为一种趋势。

第三章 互联网新经济发展模式

第一节 互联网经济发展现状

一、互联网技术发展

（一）互联网技术定义

互联网技术是指在计算机技术的基础上开发建立的一种信息技术。互联网技术包括三个层次，具体如下。

第一层是指硬件，主要指数据存储、处理和传输的主机和网络通信设备。

第二层是指软件，包括可用来搜集、存储、检索、分析、应用、评估信息的各种软件，如我们通常所指的企业资源计划、客户关系管理、供应链管理等商用管理软件，也包括用来加强流程管理的工作流程管理软件、辅助分析的数据仓库和数据挖掘软件等。

第三层是指应用，指搜集、存储、检索、分析、应用、评估使用各种信息，包括应用 ERP、CRM、SCM 等软件直接辅助决策，也包括利用其他决策分析模型或借助 DW/DM 等技术手段来进一步提高分析的质量，辅助决策者决策。

互联网有三个关键技术：互联网协议、网络连接技术、网络应用技术。

1. 互联网协议

互联网协议可以分为三层：最底层是 IP 协议（Internet Protocol），是用于报文交换网络的一种面向数据的协议，这一协议定义了数据包在网际传送时的格式。目前使用最多的是 IPv4 版本，这一版本中用 32 位定义 IP 地址，尽管地址总数达到 43 亿个，但是仍然不能满足现今全球网络飞速发展的需求，因此 IPv6 版本应运而生。IPv6 的 IP 地址共有 128 位，“几乎可以为地球上每一粒沙子分配一个 IPv6 地址”。但 IPv6 目前并没有普及，因为 IPv6 继续沿用 IPv4 的体系架构，难以解决目前互联网的核心问题，如网络安全、商业模型和服务质量等，因此有专家将 IPv6 版称作改良版。

上一层是 UDP 协议和 TCP 协议，它们用于控制数据流的传输。UDP 是一种不可靠的数据流传输协议，仅为网络层和应用层之间提供简单的接口。而 TCP 协议则具有高可靠性，通过为数据包加入额外信息，并提供重发机制，它能够保证数据不丢包、没有冗余包，以保证数据包的顺序。对于一些需要高可靠性的应用，可以选择 TCP 协议；而相反，对于性能优先考虑的应用如流媒体等，则可以选择 UDP 协议。

最顶层的是一些应用层协议，这些协议定义了一些用于通用应用的数据包结构，其中包括 DNS（域名服务）、FTP（服务使用的文件传输协议）、HTTP（所有的 Web 页面服务都使用超级文本传输协议）、POP（邮局协议）、SMT（简单邮件传输协议）、Telnet（远程登录）等。

2. 网络连接技术

网络连接技术（Internet 接入技术）是用户与互联网间连接方式和结构的总称。任何需要使用互联网的计算机必须通过某种方式与互联网进行连接。互联网接入技术的发展非常迅速。

3. 网络应用技术

网络应用技术在此指称所有与网络应用相关的技术。随着互联网的不断发展，网络应用的多样化，以及硬件设施的飞速发展，网络应用技术也向着更多样、更复杂的方向发展。

Web 技术是最常用的网络应用技术，它是用户向服务器提交请求并获得网页页面的技术总称。这一技术可以分为两个发展阶段，俗称 Web1.0 和 Web2.0。第一阶段多属于一些静态应用，第二阶段更强调用户与网络服务器之间的互动性，甚至网络应用程序。事实上，Web2.0 并不是一个技术标准，它可能使用已有的成熟技术，也可能使用最新的技术，但必须彰显互动概念。

另外，还有网络安全技术、搜索技术、数据库技术、传输技术、流媒体技术、电子商务应用相关的技术等。

（二）互联网技术发展阶段

1. 实验科研阶段

互联网技术实验科研阶段（1969—1993 年）以美国的“阿帕网”和美国国家科学基金会网络（NSFnet）为代表，其研发除为了保证在核打击下军事通信的畅通外，也有为方便科研团体或政府机构管理的目的，以使用者自律为使用前提。这一时期的互联网由政府出资建设，主要面向科学研究，网络规模和用户规模小、数据传输速率低。万维网（WWW）技术的发明大大降低了信息交流和资源共享的技术门槛，为互联网迅速普及提供了技术基础。互联网网络技术快速发展并逐步成熟，但应用技术相对单一，主要是文件传输和电子邮件，操作也较为繁复。

2. 社会化启用阶段

互联网技术社会化启用阶段为 1994—1996 年。1994 年，美国允许商业资本介入互联网建设与运营，互联网从实验室进入了面向社会的商用时期，开始向各行业渗透。这也是我国互联网发展的起步阶段。1994 年 4 月，中关村地区教育与科研示范网络工程进入互联网，这标志着我国正式成为有互联网的国家。之后，Chinanet 等多个互联网络项目在全国范围相继启动，互联网开始进入公众生活，并在我国得到迅速发展。至 1996 年底，我国互联网用户数已达 20 万，利用互联网开展的业务与应用逐步增多。

3. 社会化应用发展阶段

从 1997 年至今是互联网技术社会化应用发展阶段，是互联网在我国发展最为快速的阶段。物联网在重点领域，如工业制造领域、交通物流领域等得到应用；公共云计算服务平台建设、基于云计算平台的大数据服务等互联网技术在医疗、交通等领域得到应用。电子病历、智能交通等公共服务手段、平台的丰富和延伸，促进了社会服务管理模式的创新发展，智慧城市将继续成为全球城市发展的热点，如上海互联网基础设施已经达到较高发展水平，为“智慧城市”的建设提供了有力支撑。

（三）移动互联网定义及特征

1. 移动互联网定义

移动互联网是一种通过智能移动终端，采用移动通信方式获取业务和服务的新兴业务，包含终端、软件和应用三个层面。终端层包括智能手机、平板电脑、电子书、移动互联网设备（MID）等；软件包括操作系统、中间件、数据库和安全软件等。应用层包括休闲娱乐类、工具媒体类、商务财经类等不同的应用与服务。随着技术和产业的发展，未来 LTE（长期演进，4G 通信技术标准之一）和 NFC（近场通信，移动支付的支撑技术）等网络传输层关键技术也将被纳入移动互联网的范畴之内。

移动互联网支持多种无线接入方式，根据覆盖范围的不同，可分为无线个域网（WPAN）接入、无线局域网（WLAN）接入、无线城域网（WMAN）接入和移动通信网（WWAN）接入。各种技术客观上存在部分功能重叠的相互补充、相互促进的关系，具有不同的市场定位。

2. 移动互联网特征

（1）广泛性

移动互联网的基础网络是一张立体的网络，GPRS、EDGE、3G、4G和WLAN或Wi-Fi构成的无缝覆盖，使移动终端具有通过上述任何形式方便联通网络的特性。

（2）便携性

移动互联网的基本载体是移动终端。顾名思义，这些移动终端不仅仅是智能手机、平板电脑，还有可能是智能眼镜、手表、服装、饰品等各类随身物品，它们属于人体穿戴的一部分，随时随地都可使用。

（3）即时性

由于有了上述便捷性和便利性，人们可以充分利用生活、工作中的碎片时间，接受和处理互联网的各类信息，不再担心有任何重要信息、时效信息被错过了。

（4）定向性

基于LBS的位置服务，不仅能够定位移动终端所在的位置，甚至可以根据移动终端的趋向性，确定下一步可能去往的位置，使相关服务具有可靠的定位性和定向性。

（5）精准性

无论是什么样的移动终端，其个性化程度都相当高。尤其是智能手机，每个电话号码都精确指向了一个明确的个体。移动互联网能够针对不同的个体，提供更为精准的个性化服务。

（6）感触性

这一点不仅仅体现在移动终端屏幕的感触层面，更重要的是体现在照相、摄像、二维码扫描，以及重力感应、磁场感应、移动感应，温度、湿度感应，甚至人体心电感应、血压感应、脉搏感应等。

（四）云计算的定义及特征

云计算（Cloud Computing）是一种基于互联网的计算方式，通过这种方式，共享的软硬件资源和信息可以按需求提供给计算机和其他设备。云计算的基本原理是，通过使计算分布在大量的分布式计算机上，而非本地计算机或远程服务器中，企业数据中心的运行将更加与互联网相似。

云计算是继20世纪80年代大型计算机到客户端——服务器的大转变之后的又一种巨变，用户不再需要了解“云”中基础设施的细节，不必具有相应的专业知识，也无需直接进行控制。云计算描述了一种基于互联网的新的IT服务增加、使用和交付模式，通常涉及通过互联网来提供动态易扩展而且经常是虚拟化的资源。

云计算能够把整个IT体系架构的所有层次从最底层的物理设备、应用开发和运行的平台、提供业务功能的软件直到支持企业运营的业务流程，都可以作为服务随时随地按照需要交付使用，于是出现了如下常见的云服务。

①基础设施级服务：把计算基础（服务器、网络技术、存储和数据中心空间）作为一项服务提供给客户，它也包括提供操作系统和虚拟化技术来管理资源。

②平台级服务：供应商提供超过基础设施的服务，而提供一个作为软件开发和运行环境的整套解决方案的服务。

③软件级服务：是一种交付模式，其中应用作为一项服务托管，通过Internet提供给用户；帮助客户更好地管理其IT项目和服务、确保其IT应用的质量和性能，监控其在线业务。

④业务流程级服务：是一个按预定步骤完成一个交付到云平台上的业务任务的过程。业务流程作为服务的一个例子，是在云平台上为制造业公司完成“从下订单到收取现金”的流程。

如果从服务对象来分析，我们可以把服务分为两类。一是企业级服务（专用云、私有云）：软件和基础设施是为服务于专门的企业内部需要而设计的。二是全球级服务（公用云）：软件和基础设施是为服务于任意的外部用户设计的。

二、电子商务发展情况

（一）我国电子商务市场结构

据国家统计局电子商务交易平台调查，2018年全国电子商务交易额为31.63万亿元，同比增长8.5%。自互联网经济发展以来，我国电子商务交易额年度同比增速呈现逐年下降趋势，一方面受到网民数量增长趋于缓慢等影响；另一方面，企业电商交易方面受宏观经济形势影响，占B2B交易较大份额的钢铁、能源等原材料电商交易增长缓慢。另外，电子商务合约交易额受国家相关政策影响有较大幅度的降低。图3-1是2015—2018年中国电子商务交易额数对比。在电子商务交易额中，商品类电商交易额为24.33万亿元，比上年增长12.9%，增速回落 8.1 个百分点；服务类电商交易额为 6.28 万亿元，增长 21.1%，增速回落 14 个百分点，尽管增速回落但服务类电商交易的增速仍高于商品类电商交易增速 7 个百分点，呈现出较大的发展空间；合约类电商交易额为 1.02 万亿元，下降 51.3%（如图 3–2）。

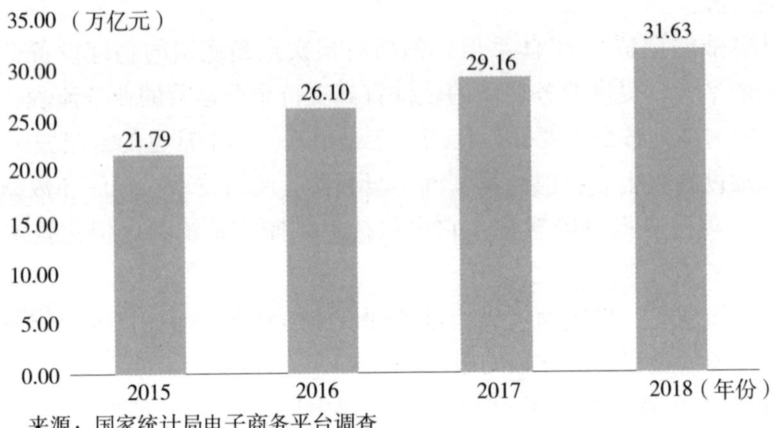

来源：国家统计局电子商务平台调查

图 3–1　2015—2018 年中国电子商务交易额

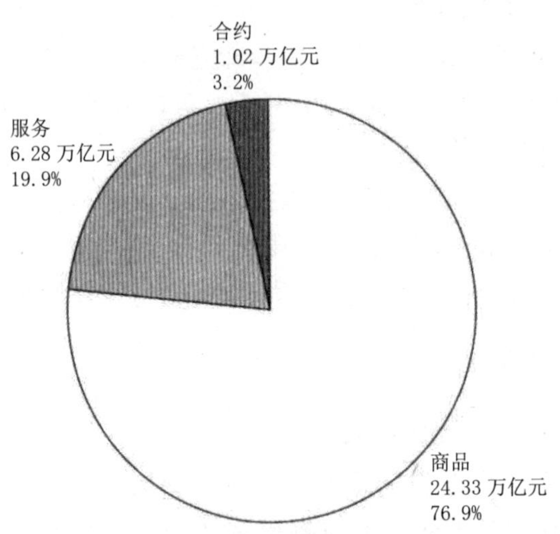

图 3–2　中国电子商务交易品类分布

分地区情况看，经济相对发达的东部地区得益于产业聚集度高、电商配套环境完善等因素，在电商交易额中占比达到 65%，其商品、服务类电商交易额达 19.90 万亿元，比上年增长 14.1%；中部地区交易额达 5.34 万亿元，占比 17.5%，增长 15.7%；西部地区交易额达 4.32 万亿元，占比 14.1%，增长

12.5%；东北地区近年来旅游、餐饮等在线交易有较快增长，交易额增速全国领先，其交易额达 1.05 万亿元，占比 3.4%，增长 25.2%（如图 3-3）[①]。

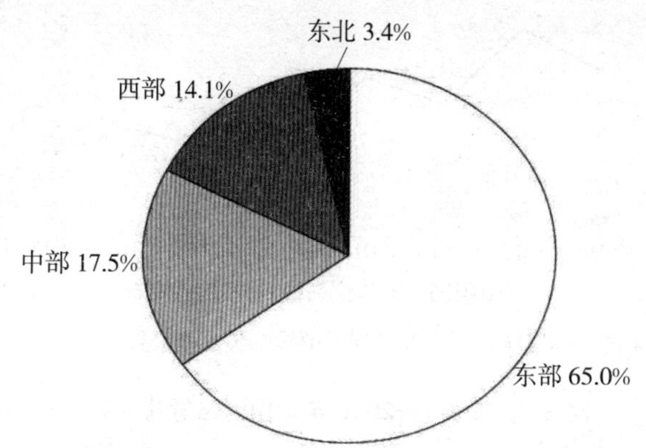

图 3-3 中国电子商务交易地区分布情况（不含合约交易）

按交易对象分，对个人交易额（B2C+C2C）达 11.18 万亿元，比上年增长 23.6%，增速回落 9.5 个百分点；对单位交易额（B2B）达 19.43 万亿元，增长 9.9%，增速回落 8.7 个百分点（如图 3-4）[②]。

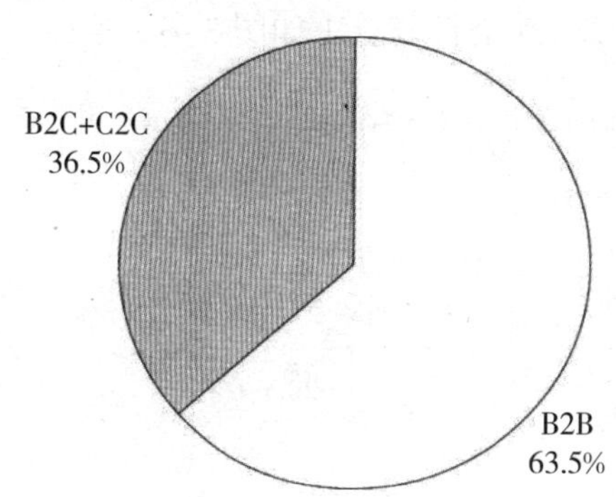

图 3-4 中国电子商务交易模式结构（不含合约交易）

另外，据国家统计局数据，2018 年全国网上零售额达 9.01 万亿元，同比增长 23.9%，增速继续呈现平稳趋缓趋势（如图 3-5）[③]。

① 资料来源：国家统计局电子商务平台调查。

② 资料来源：国家统计局电子商务平台调查。

③ 资料来源：国家统计局、商务部《中国电子商务报告》。

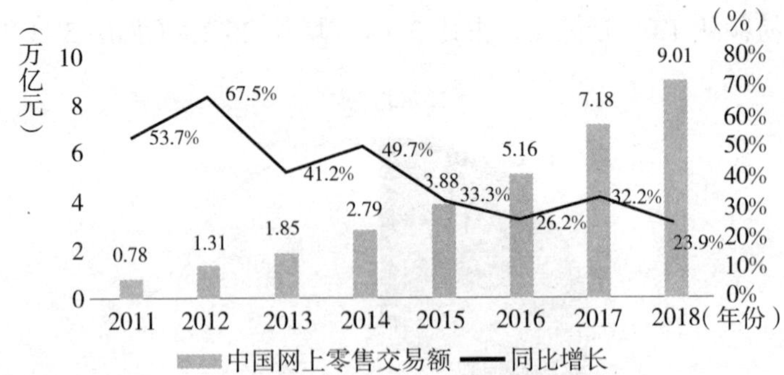

资料来源：国家统计局、商务部《中国电子商务报告》

图 3-5　2011—2018 年中国网络零售交易额

2018 年全年实物商品网上零售额为 7.02 万亿元，同比增长 25.4%，占社会消费品零售总额的比重提升至 18.4%，较上年增加 3.4 个百分点，增速高于同期社会消费品零售总额 16.4 个百分点；非实物商品网上零售额为 1.99 万亿元，同比增长 18.7%。实物商品网上零售额中，吃类商品同比增长 33.8%，较上年提升 5.2 个百分点；穿类商品增长 22.0%，较上年提升 1.7 个百分点，用类商品增长 25.9%，较上年下降 4.9 个百分点（如图 3-6）[①]。

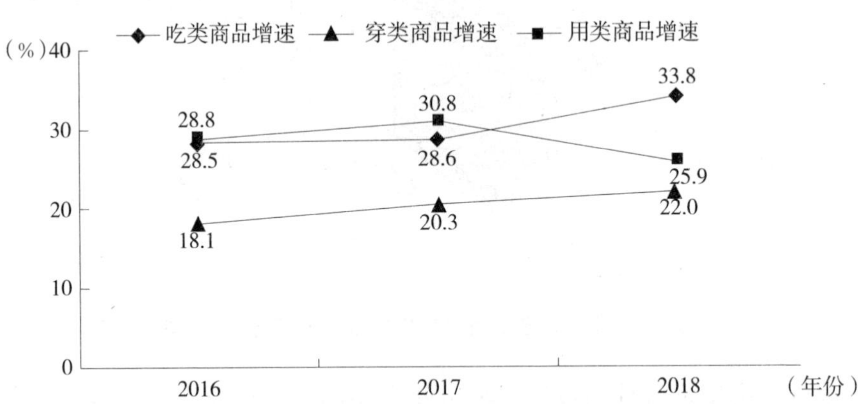

图 3-6　2016—2018 年全国网络零售吃、穿、用类实物商品交易额同比增速

2018 年纳入统计范围的合约类电商交易额为 1.02 万亿元，比上年下降 51.3%。其中，大宗商品类交易额达 9 952.88 亿元，下降 41.5%；权益类交

① 资料来源：国家统计局。

易额达 45.24 亿元，增长 35.2%；文化艺术品类交易额达 130.71 亿元，下降 54.9%；其他类交易额达 74.66 亿元，下降 97.9%。

（二）重点领域电子商务发展情况

1. 跨境电商继续保持快速发展

2018 年跨境电子商务继续保持快速发展势头，据测算，2018 年我国跨境电子商务交易总额（含跨境 B2B 和跨境网络零售）已达 8.86 万亿元，同比增长 18.4%（如图 3-7），跨境电子商务交易额在我国进出口总额的占比已经达到 29%[①]。

在跨境零售进出口方面，据海关总署的统计，2018 年通过海关跨境电子商务管理平台零售进出口商品总额达 1 347 亿元，增长 50%，其中出口额达 561.2 亿元，增长 67%，进口额达 785.8 亿元，增长 39.8%。另据中国国家邮政局统计，2018 年我国快递业务量完成 505 亿件，增长 25.8%；其中，国际 / 港澳台业务量累计完成 11.1 亿件，同比增长 34%，支撑跨境电子商务贸易超过 3 500 亿元。

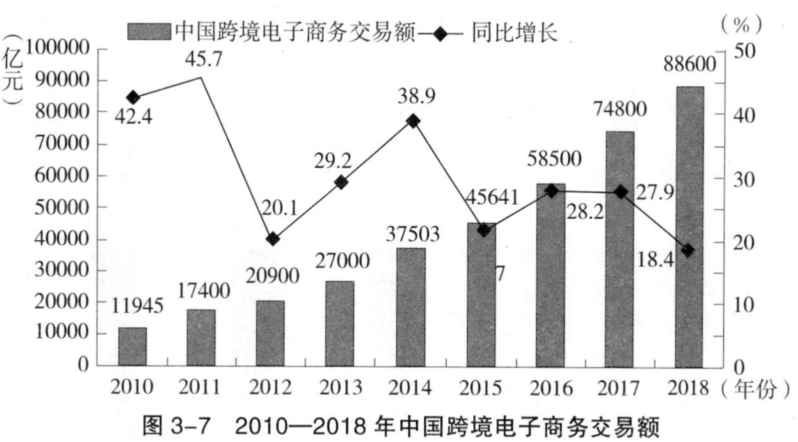

图 3-7　2010—2018 年中国跨境电子商务交易额

在法规政策环境方面，2018 年 8 月，第十二届全国人民代表大会常务委员会第五次会议通过了《中华人民共和国电子商务法》，其中“第二章电子商务经营者”和“第五章电子商务促进”明确提出关于跨境电商发展的相关要求和措施。法规的颁布明确了跨境电子商务是国家重点支持的电子商务新业态，国

① 按国家统计局公布的数据，我国 2018 年全国货物进出口总额为 305050 亿元。

家会进一步优化跨境电商的发展环境，促进跨境电商又好又快发展，给整个国内跨境电商产业吃了“定心丸”，增强了行业发展信心。同时，2018 年 8 月 7 日，国务院发布《关于同意在北京等 22 个城市设立跨境电子商务综合试验区的批复》（国函〔2018〕93 号），将我国跨境电子商务综合试验区由 15 个扩大到 37 个[①]，进一步优化了跨境电商的载体布局，随后国家有关部委陆续出台了《关于完善跨境电子商务零售进口监管有关工作的通知》等 6 个跨境电商相关政策文件，为我国跨境电商的规范发展提供了政策保障。

伴随法规、政策、载体的完善，2018 年成为我国跨境电商发展过程中具有标志性意义的一年，行业发展信心进一步增强，产业链环节加速完善，跨境电商在服务零售进出口的基础上面向传统贸易的渗透率也在不断提升，推动了传统贸易的转型升级。

2. 农村电商应用持续深化

2018 年，伴随政府开展的电子商务进农村综合示范县工作推进及市场资源的持续投入，我国农村电子商务服务网络加速普及，物流等电商基础设施进一步完善，农村网络零售额再创新高。商务大数据监测显示，2018 年全国农村网络零售额达 1.37 万亿（如图 3-8），同比增长 30.4%，占全国网络零售额的 15.2%[②]。

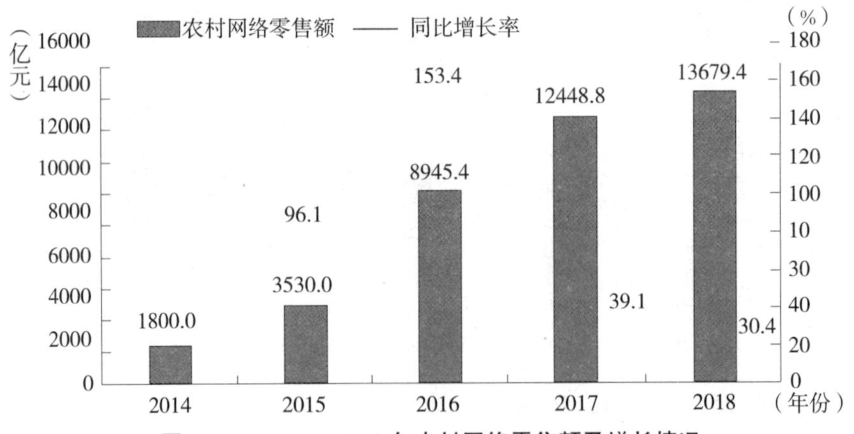

图 3-8　2014—2018 年农村网络零售额及增长情况

① 《国务院关于同意在北京等 22 个城市设立跨境电子商务综合试验区的批复》，2018 年 8 月 7 日.

② 2018 年商务部对农村、农产品网络零售的统计监测对象、范围、方法进行了调整，同比增速可比口径计算得出。资料来源：商务部。

据商务大数据监测显示，2018 年全国农产品网络零售额达 2 305 亿元。同比增长 33.8%，比全国网络零售额增速高 9.9 个百分点。其中，休闲食品、茶叶、滋补食品零售额排名前三，占比分别为 24.2%、12.5% 和 12.0%；水果、调味品、豆制品等农产品同比增速排名前三，分别为 45.6%、41.9%、41.3%。

2018 年我国农村电商相关配套设施加速完善。截至 2018 年底，全国电子商务进农村综合示范县已达 1 016 个，其中国家级贫困县 737 个，覆盖了全国贫困县总数的 88.6%，建成县级电子商务服务和物流配送中心 1 000 多个，乡村电子商务服务站点 7 万多个。2018 年，我国行政村通光纤比例提升至 98%，贫困村通宽带比例达 95%；全国乡镇快递网点覆盖率达 92.4%，21 个省份实现乡镇快递网点全覆盖。全国新增直接通邮建制村 1.6 万个，直接通邮率超过 98.9%，内蒙古、广西、宁夏、西藏等 24 个省份实现全部建制村直接通邮。全年农村地区累计收投快件 120 亿件，支撑工业品下乡和农产品进城超 7 000 亿元。

截至 2018 年底，农村网店超过 1 000 万家，带动就业人数超过 3 000 万人。据阿里巴巴统计，截至 2018 年 10 月，全国 24 个省份有 363 个“淘宝镇”，“淘宝村”总计达 3 202 个，较上年的 2118 个增长 50%；全国“淘宝村”活跃网店数超过 66 万个，带动就业机会数量超过 180 万个。

3. 社交电商引发市场强烈关注

近年来，以拼多多、云集、小红书等为代表的社交电商快速发展，带动基于微信、小程序、直播等平台的电商应用。据艾瑞咨询测算，2018 年我国社交电商交易规模近 9 000 亿元，占我国实物商品网络零售额的近 13%。社交电商的高速发展也引发了传统电商平台企业的高度重视，纷纷推出自己的社交电商服务，淘宝直播、京东拼购、苏宁拼购等纷纷上线。拼多多发布的数据显示，在 2018 年中，拼多多的年度活跃买家总数已经达到 4.18 亿人，超过京东平台成为中国活跃用户数第二大的电商企业，平台成交总金额达到 4 716 亿元，并实现 131 亿元的总营收，呈现爆发式成长的态势。拼多多等社交电商企业的快速崛起充分显示出社交电商在中国电商市场的巨大发展潜力。社交电商的快速崛起也引发了电商整体市场对中小城市及农村市场的强烈关注，在发达地区网络消费用户日趋饱和的形势下，渠道下沉，挖掘五六线城市及农村市场空间日益成为各大电商企业争夺的焦点。

（三）电子商务发展出现的问题与挑战

1. 网络消费投诉量居高不下

近年来，我国网购消费投诉在总量上一直处于快速增长态势，虚假广告、假冒伪劣、质量不合格、经营者拒不履行合同约定等成为投诉重点。2018 年，全国市场监管部门共受理网络购物投诉 168.20 万件，同比增 126.2%。投诉量大幅增长的主要原因包括以下几个。一是网络购物普及率的进一步提升，2018 年全年网络购物额已超 9 万亿元，网购总量的提升也一定会有更多的网购消费纠纷的出现。二是网购投诉渠道的便利化。全国 12315 互联网平台提供 PC 端、APP、微信小程序和公众号、支付宝小程序等多种投诉渠道，消费者可以方便快捷地 24 小时提交投诉。三是社交电商的快速发展。2018 年包括微商、小程序、社群电商、网红直播等电商形式呈现爆发式增长，社交电商在发展初期从产品上以化妆品、非标农特产品、小电器等生活日用品为主，这些产品发生消费纠纷的概率相对会比较高，加上各种社交电商平台的规范化管理还有待进一步提升，也造成了网购消费纠纷数量的大幅度增加。目前，网络消费纠纷的解决方式主要有与经营者协商解决、平台调解、消协调解、行政管理部门申诉、仲裁、法律诉讼等，网络消费的维权成本一般都会比较高，消费者（除职业打假人）往往会处于弱势地位。保护好消费者利益，让消费者更敢于、乐于进行网络消费是解决网络消费纠纷的最终目的。因此，应进一步加大网络消费平台的责任，在这方面《电子商务法》也集中地体现了这一立法思路，通过加强平台方的责任来强化网络消费市场的治理，从产品和服务的源头上杜绝纠纷的隐患，同时加强包括信用体系建设在内的自律机制建设。

2. 电商商品质量问题依然严峻

据中国消费者协会《消费者权益保护数据报告 2018》，针对工商行业投诉的问题主要集中在虚假促销、质量、售后、信息泄露、物流、网络售假、退换货、发票、高额退票、霸王条款等领域，商品质量问题依然突出成为第二大投诉领域。2018 年“双十一”期间，国家市场监管总局专门组织开展了“双十一”电子商务产品国家监督专项抽查，涉及玩具、婴幼儿服装、家用等 7 类共 564 批次产品，涉及天猫、京东商城、1 号店、唯品会、拼多多、网易严选、苏宁易购、当当网等 11 家电子商务平台。抽查发现，有 81 批次产品没有标明生产厂厂名和厂址，违反了《产品质量法》的相关规定，有 37 批次产品涉嫌未经 3C 认证；对标明了生产厂厂名厂址和经过 3C 认证的产品进行检验，有 44 批次产品质量不符合强制性国家标准要求[①]。

① 《市场监管总局组织开 2018 年双 11 电子商务产品质量国家监督专项抽查》.

3. 电商市场秩序有待进一步规范

一是大数据“杀熟”、虚假交易、刷单炒信、制假售假、个人信息倒卖等问题依然存在。2018 年 3 月，部分典型电商平台先后被曝出大数据“杀熟”问题。2018 年中国消费者协会发布的《〈电子商务法〉消费者认知情况调查报告》结果显示，52.4% 的受访者表示遇到假货或真假货混卖的问题。二是物流方失信问题较多。物流配送过程中出现冒名接收、恶意索赔、开包窃取、责任推卸等不良现象，严重影响了卖家和消费者对平台的信任度。三是跨境消费额度被“透支”。我国限值内跨境电子商务零售进口商品可享受一定的税收优惠，超出限值，均按一般贸易全额征税。一些消费者在自身跨境消费额已满的情况下，为了继续享受税收优惠，冒用他人身份信息购物。四是共享经济平台中存在用户押金无法退还、用户数据安全缺乏保障等问题。町町、酷奇、小蓝等多家共享单车企业相继遭遇经营困难甚至倒闭，导致大量用户押金无法退还。五是多个社交电子商务平台爆出假货、伪名牌、劣质产品、非法经营的微商、传销返利模式频现新媒体。

4. 个人信息泄露问题引起广泛关注

伴随互联网等数字技术的广泛渗透，能够采集个人数据的渠道和设备越来越多，除智能手机外，智能手环、智能电视、智能音箱、联网安防设备、智能驾驶汽车等各种智能设备都会大量采集个人信息，同时，个人在进行网络消费、娱乐等网络活动时也会被要求同意服务提供方搜集个人信息，这些信息一般会被用于提升消费服务体验，但也存在超必要需要采集个人数据、数据处理和使用不规范、缺乏必要的数据安全保障机制等问题，这就会造成个人信息泄露的隐患。中国消费者协会调查发现遇到过个人信息泄露情况的人数占比为 85.2%，快递数据、网络订房、订票等数据成为数据泄露的重灾区。另外，长期以来对于个人信息及数据尤其是个人隐私数据保护的立法也滞后于现实发展的需要，对于个人信息泄露没有形成法律方面的威慑，个人信息泄露的违法行为往往得不到必要的法律制裁，也会在一定程度上造成在巨大商业利益引诱下个人信息泄露问题的频发。要解决这一问题，根本上应该加强个人数据方面的立法，欧盟已经生效的《通用数据保护条例》就为全球在个人数据保护立法方面提供了借鉴，我国的《网络安全法》《电子商务法》都是针对个人信息的收集、使用等有相关的保护性条款，还应在此基础上从个人数据的权属认定、收益权处理等方面系统地对个人信息进行全方位的保护。

5. 社交电商引发消费升级还是消费降级争议

2018 年以拼多多为代表的社交电商大行其道，发展迅猛的同时，也引发了社交电商代表着消费升级还是消费降级的大讨论。应该说，以所谓小镇青年为代表的新消费红利的出现得益于我国县域及农村电商基础设施的快速完善。在网民数量增速趋缓和流量红利逐渐下降的大背景下，电商企业都在积极寻找新的增长空间，跨境电商、农村电商、社交电商、新零售等都成为争夺的焦点，也加大对相关电商基础设施的投入，如县乡村电商物流配送网络建设。此外，政府开展电商进农村的持续投入，都极大地改善了经济落后地区的电商环境条件，有利于支撑这部分市场消费潜力的挖掘。包括拼多多、微商、短视频电商等在内很好地满足了经济相对落后区域的消费升级的需求，以及一、二线城市的相对低端的消费需求，电商带来了海量的较高性价比商品选择，替代了农村很多假冒伪劣商品。同时，新电商在营销模式上注重进行社交裂变式创新，进一步降低了营销门槛，增强了用户黏性。未来如何更好地通过模式创新、服务创新满足包括 2.11 亿农村网民在内的新消费群体的复合消费需求，会成为电商发展的主要方向，需要通过电商创新和服务进一步提升他们的消费体验。如新零售、无人零售进县进村，如何做好区域的电商小流通，甚至如何把海外的优质商品进行渠道下沉，满足县域消费者需求。从电商消费变化趋势看，最大的特点就是呈现分层升级化趋势。消费升级先从一、二线城市开始逐步渗透到乡镇及农村市场，不同阶层的消费各自呈现出升级的趋势。大城市的网络消费者可能会更关注商品的品质、绿色、健康、个性和消费体验感，而农村市场现阶段可以通过电商实现消费的正品化升级。可以说，未来的电商市场群体既具有区域特征也具有层次特点，呈现各自不同的商品消费诉求。

6. 跨境电商政策协同挑战凸显

在跨境电商的初始阶段，商品大多是个人邮寄物品、礼品等入境，但随着包裹数量的激增及海外仓的快速发展，在传统贸易商及当地电商企业的推动下，各国政府开始关注公平竞争问题，税收的规范就成了首先要解决的问题，接下来关于消费者数据及个人隐私权保护等问题也会逐步成为规范的方向。2018 年欧盟在跨境电商 VAT 增值税方面的要求越来越严格，5 月生效的 GDPR《通用数据保护条例》更是对电商企业搜集、处理欧盟消费者个人信息 / 数据提出了更为严苛的合规要求。这些政策的调整都会极大影响跨境电商企业的业务设置，甚至涉及企业的战略方面的调整。在这样的形势下，我国跨境电商企业应通过多种渠道更多地向产业政策的制定者反映企业发展方面的政策诉求，在适应监管政策的前提下更多地去影响政策规制的制定。

我国政府持续加大与海外国家在跨境电商领域的全方位合作，促进电子商务基础设施的互联互通和法规、标准的互认，致力于建设电子商务的国际统一大市场。这也将为更多的海外厂商通过跨境电商进入我国市场提供全方位的便利条件。我国的跨境电商已经走在了世界前列，我国所遇到的问题及我们提出的解决方案，在世界范围内都具有示范性和先导性，可以为世界其他区域贡献“中国智慧”和“中国方案”。

在当前数字经济浪潮奔涌而来、新一代信息技术逐渐成熟的时代背景下，我国电子商务作为具备国际领先优势的先导型企业，规范化、国际化、融合化、多元化发展将成为主题，将成为我国践行“以人民为中心”发展思想、实现普惠化发展的重要力量，助力建设强大国内市场，推动新一轮全球深入发展。

三、信息安全发展情况

随着互联网的发展，用户的个人信息安全指数持续降低，互联网经济的发展更是引发了消费者个人信息的泄露问题、支付安全问题法等，我国在电商经济的发展过程中，目前最需要解决的问题就是信息安全问题。

（一）信息安全内涵及产品服务

1. 信息安全内涵分析

信息安全是指信息网络的硬件、软件及其系统中的数据受到保护，不受偶然的或者恶意的原因而遭到破坏、更改、泄露，系统连续可靠正常地运行，信息服务不中断。信息安全主要包括五方面的内容，即需保证信息的机密性、完整性、可用性、真实性和不可抵赖性。机密性是指信息不被泄露给非授权的用户、实体或过程，即信息只为授权用户使用。完整性指在传输、存储信息或数据的过程中，确保信息或数据不被未授权的篡改或在篡改后能被迅速发现。可用性是指无论何时、经过何种处理，授权用户只要需要都可以使用信息资源，网络可用性还包括在某些非正常条件下继续运行的能力。真实性是指原始信息的正确性和一致性，真实性包括两方面：一方面是实体身份的真实性，即让一方确信另一方的身份就如其所声称的；另一方面是原出处的真实性，即让一方确信所接收到的数据的原出处如其所声称的。不可抵赖性也称不可否认性，是指在使用信息系统进行信息交互中携带含有自身特质、别人无法复制的信息，防止日后参与者对行为的否认。不可抵赖性也包括两类，一种为证明原出处的不可抵赖性，数据的接收方可以证明数据的原出处；第二种为证明传输过程的不可抵赖性，防止发送方（或接收方）否认曾经发送（或接受）过数据。上述信息安全五大特性是相辅相成、缺一不可的。

（1）物理安全

物理安全是指对网络与信息系统的电磁装备的保护，重点保护的是网络与信息系统的机密性、生存性、可用性等属性，涉及动力安全、环境安全、电磁安全、介质安全、设备安全、人员安全等，主要采取的措施是可靠的供电系统、防护体系、电磁屏蔽、容灾备份、管理体系。

（2）运行安全

运行安全是指对网络与信息系统的运行过程和运行状态的保护，主要涉及网络与信息系统的可控性、可用性等；所面对的威胁包括系统资源消耗、非法侵占与控制系统、安全漏洞的恶意利用；主要的保护方式有应急响应、入侵检测、漏洞扫描等。

（3）数据安全

数据安全是指对信息在数据处理、存储、传输、显示等过程中的保护，使得在数据处理层面保障信息依据授权使用，不被窃取、篡改、冒充、抵赖，主要涉及信息的机密性、完整性、真实性、不可抵赖性等可鉴别性属性；主要的保护方式有加密、数字签名、完整性验证、认证、防抵赖等。

（4）内容安全

内容安全是指对信息真实内容的隐藏、发现、选择性阻断，主要涉及信息的机密性、可控性、特殊性等；所面对的主要问题包括发现所隐藏的信息的真实内容、阻断所指定的信息、挖掘所关心的信息；主要的处置手段是信息识别与挖掘技术、过滤技术、隐藏技术等。

2. 信息安全行业主要产品与服务

用于保证信息安全的各种软件产品、硬件产品和相关的软硬件结合的产品都称为信息安全产品，常见类型如操作系统安全、数据库安全、内容安全、病毒防护、信息加密、身份认证、取证鉴定等。此外，信息安全服务也是信息安全及相关领域的重要组成部分。常见的信息安全服务类型包括应急处理、风险评估、灾难恢复、系统测评、安全监理、安全咨询、安全培训、安全审计、安全运维，以及新兴的安全服务类型如电子数据鉴定、互联网数字知识产权保护等。

（1）安全硬件

①防火墙 / 虚拟专用网络硬件产品。防火墙 / 虚拟专用网络（VPN) 安全硬

件具有数据流的监控、过滤、记录和报告功能，必要时可隔断内部网络与外部网络的连接。它在内部网络与不安全的外部网络之间设置障碍，阻止对资源的非法访问。主要技术有包过滤技术、应用网关技术、代理服务技术。

②入侵监测与入侵防御硬件产品。入侵监测（IDS）作为传统保护机制的有效补充，形成了信息系统中不可或缺的反馈链；入侵防御系统（IPS）则是入侵检测系统的升级版本，变被动检测为主动防御，其市场发展空间较大。

③统一威胁管理硬件产品。统一威胁管理硬件产品将网络防火墙、网络入侵监测与防护、网关防病毒等功能集成在一个设备中。

④安全内容管理硬件产品。安全内容管理硬件产品最主要的功能是提供Web 流过滤、内容安全性监测及防毒防御。

（2）安全软件

安全软件通常用于保护计算机、信息系统、网络通信、网络传输的安全。利用安全软件，企业用户可以进行安全管理、访问控制、身份认证、病毒防御、加解密、入侵监测与防护、漏洞评估和边界保护。主要包括安全威胁管理、安全内容管理、安全性与漏洞管理、身份管理等软件。

①安全威胁管理软件。安全威胁管理软件用于严密监视网络流量和应用程序，及时发现恶意行为，通常包括防火墙软件、入侵监测与防护软件两类产品。

②安全内容管理软件。安全内容管理（SCM）是一套基于策略的安全解决方案，用于保护信息 Web 通信的正常进行。SCM 通过保护、监视、过滤、阻断等行为，保证进入网络内部的数据流不受威胁。这些威胁包括垃圾邮件、欺骗性邮件、病毒、蠕虫、特洛伊木马、间谍软件或其他有害的程序。

③安全性与漏洞管理软件。安全性与漏洞管理软件可以帮助企业或者组织机构侦测、描述和改善信息安全风险。这类产品包括生成、监控和强制执行公司安全策略的工具；侦测某个特定设备的系统配置，系统结构和属性；执行安全评估和漏洞监测，提供漏洞修补和补丁管理；集合和关联系统的安全日志；对各种不同的网络安全技术提供基于单一节点的管理。漏洞管理还包括漏洞扫描，对网络设备、主机系统、应用系统等进行远程或本地漏洞扫描，及时发现漏洞隐患，并提出专业防护建议，同时提供对漏洞的生命周期管理。

④身份与访问管理软件。身份与访问管理软件用于识别一个系统的使用者身份，根据已建立的系统权限判别是否允许用户访问。

（3）安全服务

信息安全服务包括安全管理咨询、安全风险评估、渗透性测试、安全规划、安全策略配置、安全培训、安全托管等专业安全服务。

（二）信息安全技术及技术水平

随着计算机技术和互联网技术的发展，我国信息安全行业的发展大致经历了传统信息安全、计算机信息安全、网络信息安全、Web 应用安全几个阶段。

在 PC 机普及前，信息安全主要保护的是各种纸质文件的内容安全，实现方式主要是专人管理，采用的技术主要是密码技术、身份认证技术。

20 世纪 80 年代中期，PC 机开始进入国内并迅速普及，基于计算机的信息安全产业也开始兴起，逐渐出现了基于电子数据安全的信息安全产品，如安全操作系统、安全数据库、安全硬件、安全 SDK 等。

20 世纪 90 年代中期，我国加入了互联网，自此，网络信息安全产业迅速发展，出现了基于网络信息安全的产品，如防火墙、入侵监测系统（IDS）与入侵防御系统等。同时，基于计算机的违法事件越来越多，国内对电子数据取证产品和技术的需求凸显，于是出现了最早一批进入电子数据取证行业的企业，开始主要是代理国外的取证产品，而后逐渐转向自主研发。

随着 Web 应用技术的发展，各种论坛、博客、空间迅速成了人们交流的主要平台，越来越多的商务活动通过互联网开展。然而，互联网在带给人们前所未有的开放性的同时，也引入了新的信息安全问题，如病毒、恶意软件、网络赌博、虚假广告、网络盗版等。互联网和 Web 技术的发展，进一步推动了信息安全产业向着多样化方向发展，除了产品类型不断更新外，也逐步出现了新型技术，主要包括身份认证技术、加解密技术、边界防护技术、访问控制技术、主机加固技术、安全审计技术、监测监控技术。

1. 身份认证技术

身份认证技术是在计算机网络中确认操作者身份的过程而产生的有效解决方法。如何保证以数字身份进行操作的操作者就是这个数字身份的合法拥有者，也就是说，保证操作者的物理身份与数字身份相对应，身份认证技术就是为了解决这个问题。作为防护网络资产的第一道关口，身份认证有着举足轻重的作用。

2. 加解密技术

加密技术是最常用的安全保密手段，利用技术手段把重要的数据变为乱码（加密）传送，到达目的地后再用相同或不同的手段还原（解密）。加密技术包括算法和密钥两个元素。

3. 边界防护技术

从网络的诞生，就产生了网络的互联。从没有什么安全功能的早期路由器，到防火墙的出现，网络边界一直是攻防对抗的前沿阵地，边界防护技术也在不断对抗中逐渐成熟。

4. 访问控制技术

访问控制（Access Control）指系统对用户身份及其所属的预先定义的某组限制其使用数据资源能力的手段。访问控制的主要目的是限制访问主体对客体的访问，从而保障数据资源在合法范围内得到有效使用和管理。

5. 主机加固技术

计算节点是贯穿信息系统处理流程的全部端点，是信息产生、存储、处理、传输的载体，主机节点安全直接影响应用系统的整体安全。而保障主机安全，操作系统安全是基础。从主机节点操作系统平台实施安全防范，这些不安全因素将从源头被控制。因此，对主机节点进行安全加固处理是十分必要和重要的。

6. 安全审计技术

计算机审计技术就是在计算机系统中模拟社会的审计工作，对每个用户在计算机系统上的操作做一个完整的记录的一种安全技术。运用计算机审计技术的目的就是让对计算机系统的各种访问留下痕迹，使计算机犯罪行为留下证据。计算机审计技术的运用形成了计算机审计系统，计算机审计系统可以用硬件和软件两种方式来实现。计算机系统完整的审计功能一般由操作系统层次的审计系统和应用软件层次的审计系统共同完成，两者相互配合、互为补充。

7. 监测监控技术

网络安全监测监控技术主要包括实时安全监控技术和安全扫描技术。实时安全监控技术通过硬件或软件实时检查网络数据流并将其与系统入侵特征数据库的数据相比较，一旦发现有被攻击的迹象，立即根据用户所定义的动作做出反应。

（三）信息安全产业发展对经济的作用和影响

1. 信息安全行业产业链分析

①信息安全上游产业分析。信息安全行业上游是计算机硬件设备制造商，主要包括 IBM、HP、DELL、联想等国内外厂商。计算机硬件设备制造业发展成熟，竞争较为激烈，货源充足，设备质量和价格稳定。企业与上游行业厂商建立了长期良好的合作关系，不存在供货渠道单一、产品寡头垄断的情况。

②信息安全下游产业分析。与信息安全密切关联的下游行业是拥有信息安全建设需求的最终应用行业，即最终用户，主要包括国家各级司法机关、行政

执法部门、企事业单位等。从中长期来看，随着社会信息化程度的提高，信息安全建设需求将持续增长，市场前景广阔，为企业的产业化、规模化发展奠定了市场基础。

2. 信息安全行业的市场规模和市场结构

2019 年全国信息安全产业规模为 608 亿元，同比增长 22.8%，2020 年第一季度信息安全产业规模增长幅度接近 25%，增速进一步提高[①]。

目前，我国信息安全产业针对各类网络威胁行为已经具备了一定的防护、监管、控制能力，市场开发潜力得到不断提升。最近几年，信息安全产业在政府引导、企业参与和用户认可的良性循环中稳步成长，本土企业实力逐步加强。安全产品结构日益丰富，网络边界安全、内网信息安全及外网信息交换安全等领域全面发展；安全标准、安全芯片、安全硬件、安全软件、安全服务等产业链关键环节竞争力不断增强。

在市场需求方面，信息安全产品行业需求突出，政府、电信、银行、能源、军队等仍然是信息安全企业关注的重点行业，证券、交通、教育、制造等新兴市场需求强劲，为信息安全产品市场注入了新的活力。中小型企业市场及二、三线城市市场都呈现出蓬勃的生命力。防火墙仍然是最大的细分产品市场，根据 IDC 中国的统计数据，2018 年防火墙市场规模为 10.68 亿美元，同比增长 30.8%，与此同时，UTM、IPS、身份认证、安全管理、安全服务等正在逐步打开市场，成为重要的信息安全需求品。

我国信息安全行业经过十几年发展，在安全理念、核心技术和主流产品等方面都取得了显著进步，并在国际上崭露头角。2018 年防火墙市场厂商市场份额排名前三的厂商分别为天融信、华为和新华三。我国信息安全产业在快速发展的同时，仍面临诸多挑战：国家信息安全标准仍不完善，国内产业联盟尚未建立，安全价值评估尚无体系等问题较突出；产业竞争边界扩大，潜在竞争者增多，平台软件厂商、互联网厂商、存储和网络设备厂商等纷纷加大对安全市场的投入，业内现有安全厂商将面临更加严峻的竞争格局；行业内的收购整合不可避免，缺乏技术创新、服务能力和独特商业应用模式的企业将逐步被淘汰，信息安全市场的集中度将进一步提升，信息安全产业将逐步走向成熟。

3. 信息安全与上下游行业间的关系

信息安全产品和设备的上游行业为芯片和电子元器件等专用硬件制造商，

---

① 数据来源：中国产业信息网 .

生产信息安全产品所需的主要原材料包括芯片、电阻、电容、二/三极管、集成电路类等元器件；操作系统、数据库、防火墙等各种系统软件、支撑软件和应用软件；机箱、主机、CPU、内存条、光纤连接电缆、硬盘等硬件设备；印制板、面膜、包装箱等包装材料。目前，企业生产信息安全产品所需的关键芯片及专用硬件均以进口为主。随着国内信息安全企业芯片设计与制造能力的提升，信息安全企业对上游行业的依赖性将有所降低。

信息安全企业面对的是各级渠道商和用户，主要客户是金融机构和政府部门，但大部分的信息安全产品仍然采用直销模式，因此各级渠道商对其影响尚不明显。

①计算机以及网络设施带来的经济安全隐患。计算机及网络技术的发展使信息共享的范围有所扩大，相应地，也带来了很大威胁，正是这些信息化的物质基础带来了经济安全的隐患。现代社会，信息的载体亦即存储媒介多采取数字化形式，而这些设备通过网络连接，使相互复制变得更为方便，从而面临信息被泄露甚至篡取的威胁，大量的商业秘密或者经济信息可能被不法分子劫掠，将对企业造成一定性质的损害。在目前的社会状态下，互联网、局域网等带来了信息的通畅，同时是信息安全隐患的温床。以金融业为例，银行的计算机系统一旦崩溃或遭受攻击，带来的经济损失将无法估量，由此引起的经济动荡更是让人不寒而栗。

②信息安全产品带来的经济安全隐患。信息产业是朝阳产业，成为社会经济发展的巨大推动力，但由此产生的信息安全产品也给经济安全带来了一些问题。某些信息安全产品的制造商本身信誉很差，自己制作病毒再推出相关产品以取得利益。缘于此产生的经济行为，如电子商务等，将遭遇很大的麻烦。网络认证、数字证书没有得到广泛的应用，造成网络经济的混乱，使社会对电子商务等产生不信任感。这是对社会经济的重大打击，使本不十分稳定的网络经济安全雪上加霜。此外，网络信息安全产品的滞后性使竞争对手有机可乘，从而对我国的商业信息进行窃取和泄露，从宏观上影响我国经济的整体安全性。

综上，我国在大力发展电商经济的同时，应该兼顾信息安全，保护消费者的切身利益，让网民安心上网，消费者安心购物。另外，网络安全与信息安全也在保障着国家的经济安全，做好信息安全措施也能使国家经济发展甚至是全局发展无后顾之忧。

第二节 互联网经济的供给与需求平衡态

本节研究目的旨在寻找新的界定互联经济下的均衡状态，以及互联网经济下供给如何满足需求的方式方法，而不是找到供需之间的价格平衡点，因而要找到使市场呈现多态均衡状态的一种好的方法，更好地完善市场结构。

一、互联网经济均衡理论

（一）均衡的一般性理解

“均衡”一词的含义很丰富，在不同的领域有着不同的解释。比如，从美学的角度看，均衡与对称共同构成了构图的基础，均衡一般指的是布局的平衡性。均衡强调的是一种协调性的合乎逻辑的比例关系，是符合人们长期观察事物形成的一种习惯和观念，而这种合乎逻辑的“稳定性”是美学角度均衡的本质特征之一。与平均不同，虽有稳定性特征，但是缺乏变化，没有动感，美感的效果就要差。因此，变化也是美学角度对均衡的另外的诠释。

经济学中的“均衡”是引自物理学中的均衡概念，即“两个或两个以上的力作用于一个物体上，各个力互相抵消，使物体成相对的静止状态”。作为微观经济学的一个重要组成部分，均衡用于分析供给和需求之间的稳定状态和二者与价格之间的数量关系，即存在一个能够使需求量和供给量平衡的价格，这个价格叫作均衡价格。在这个价格的作用下，供给和需求达到均衡状态的点，这个点被称为均衡点。如图 3–9，在微观经济学的论述中，E 就是一个均衡点，在这个点上，供给和需求是平衡的，供给过剩和需求过剩不存在，市场呈现“出清”状态。

前面已经分析过，供给和需求的各自的影响因素很多，那么在进行分析时，二者的均衡问题就更为复杂。应该说，经济学中的均衡给出了供给和需求平衡的一种状态，但显然不是全部。无论是从分析的方法还是假设的条件来看，经济学中的均衡都会受到现实的检验。同时，尽管经济学的“均衡”概念引入的是物理学上的均衡概念，但是“多力角逐”的概念没有得到充分的体现，“两种或两种以上的力”并没有在具体的分析中得以体现，即核心部分是“价格”这一杠杆，是价格在发挥决定性作用下的一种“单力均衡”。对于其他的因素的作用没有被纳入分析的主要框架之中。

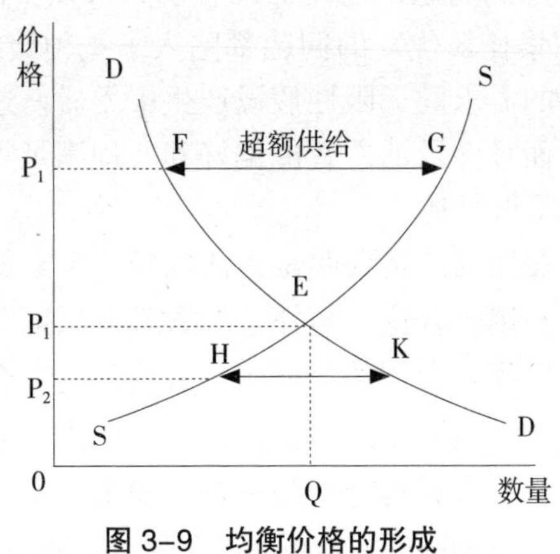

图 3–9　均衡价格的形成

互联网经济下的均衡是源于前面多个领域对均衡的分析和认识，但是与微观经济学中的均衡还是略有不同的。一方面，价格作为唯一杠杆的分析方法被摒弃。因为在互联网经济下，供给和需求的影响因素应该被充分地认识，而且互联网经济下的需求满足中，价格也不是唯一的决定性因素。另一方面，在传统经济下的均衡分析中，严苛的假设条件作为模型推导的科学性和严谨性在互联网经济下也应该进行调整。有很多的假设条件是由于数据的不可获得性，或者不容易科学地获得而被假定为稳定性因素，作为常量，这种情况在互联网经济的大数据背景下可能有所改观，或者会取得一定的突破。尽管这种大数据不一定完全支撑均衡下的数据分析，但是至少体现了一种时代的进步性和分析方法的改进，毕竟层层假设后的分析结论对于现实的指导性和实用性，信服力会受到质疑。

因此，互联网经济下的均衡，应该还原为均衡的本意，即“多力角逐下的稳定状态”。首先，研究的核心对象还是供给和需求的均衡问题，这与经济学的均衡理论的对象没有区别。其次，注重“多力”的研究，即影响供给和需求的各个要素都要加以考虑。把价格作为“多力”当中的一个力，再纳入其他因素，这对传统经济学的研究角度和方法也许是一种创新和突破。再次，“稳定状态”是均衡的一个本质特征，无论这种状态是暂时的还是长期的，这种状态下，我们可以认为供给和需求达到了一种均衡。

（二）均衡的存在性和界定标准问题

在分析均衡的时候，有一个重要的问题，就是“均衡状态”的界定问题。在传统经济学中，对这种状态是这样描述的：“买卖双方都对当前购买或者销售的价格和数量的组合感到满意，因而都没有动力来改变他们的现行行为”。这种描述与后面的“帕累托最优”的问题都陷入了一种假想和自我问题的陷阱，而且与前面经济学中的需求的无限性假设产生了矛盾。这种分析已经不仅限于价格和数量等问题，而且涉及消费者的偏好和心理满足等一系列问题。后面章节会进行叙述，在此不做赘述。

关于一般均衡存在性的严格证明是由法国经济学家德布鲁和美国经济学家阿罗给出的①。他们利用集合论、拓扑学等数学方法证明，在极为严格的一系列假设条件下，一般均衡是存在的。证明一般均衡的存在性的关键是了解布劳尔的不动点定理。定理的基本内容是有界闭凸集到自身的连续映射，有一个不动点，界定了闭集合、有界集合和凸集合。如果一个集合边界上所有点都属于该集合，则称该集合为闭集合；如果一个集合不可能沿着某一方向无限延伸，则该集合是一个有界集合；如果一个集合上的任意两点都可以被一条直接连接且该直线完全落在集合之中，则该集合是一个凸集合。映射在这里应该指的是函数关系；不动点就是指经过映射之后依然不变的点。假设 X 是有界闭凸集合 $0\leqslant x\leqslant 1$ 上的所有实数的集合，如果在经过由 $y=f(x)$ 定义的连续映射后，$f(x)$ 仍是 $0\leqslant x\leqslant 1$ 上的实数集合，即 $f:X\rightarrow X$，则根据布劳尔不动点定理，必然存在至少一个实数 $x*=f(x*)$。而 $x*$ 即为不动点。在运用到经济学的均衡存在性证明中是这样的逻辑：按照微观经济学的观点，商品的供求均衡状况与价格有关。同时，供求状况反过来又影响价格的决定。这里可能存在一个价格向量集对自身的映射问题。如果能够利用不动点定理证明在价格向量集中存在一个不动点，而与这个不动点性对应的所有商品的供给和需求量都相等，那也就从数学上证明了一般均衡性的存在问题。对一般均衡的存在性证明涉及一个复合映射：$k.z:p'\rightarrow p'$，构成这个复合映射的第一个映射是由标准化价格向量集到过度需求向量集的映射。第二个映射是由过度需求向量集到标准化价格向量集的映射。这两个证明引入了过度需求函数、标准化和复合映射的问题。最后通过瓦尔拉斯定律证明了与不动点 $P*$ 相对应的所有商品的过度需求都是非正的。

微观经济学中通过层层假设，引用多种方法，证明了一般均衡的理论的存在性。我们把均衡的存在性作为被认可的观点，即均衡一定存在。但是在具体的界定方面，现实的供给和需求更具实际意义。

① 余永定．西方经济学[M].北京：经济科学出版社，2002：189.

本部分对于均衡问题内容的表述，为与前面章节的分析保持一致，还是从需求的无限性这一经济学的基础问题入手，而且要强调的是这种无限性表现在需求的种类和范围，以及对同一类商品的需求深度。供给能够满足需求也都是暂时的，因为需求的无限性决定了供给和需求的每一次均衡一定是暂时的。而每一次供给和需求的均衡的达成标准就是每一笔交易的达成，这是一个重要的分析条件。按照微观经济学的描述，“均衡状态下，双方对当前的购买或者销售的价格和数量组合感到满意”，把满意作为均衡达成的标准，这种满意是无法测量和估算的。互联网经济下，抛掉非市场化因素的影响，每一笔交易的达成都应该是供给双方可接受的真实意愿表达，也许不是价格上的最优，也许不是时间的迫切需要，也许不是最好的款式等，但是，能够达成交易就是互联网经济下双方综合各种因素考虑后的最优选择，否则，供给双方都可以等待和再次选择。所以互联网经济下的稳定性的均衡问题，我们可以从交易达成的角度进行分析，尤其是从供给对需求的满足及需求对供给的促进的角度更加现实地加以研究。

二、一般均衡与多态均衡

（一）局部均衡与一般均衡

西方经济学中，有局部均衡和一般均衡两种均衡。一般的书中会这样区分二者，局部均衡是在假定市场的其他条件不变的情况下，单独考察个别市场的供求和价格的对应关系，而不考虑市场之间的相互影响和联系。一般均衡是在承认各个市场之间和相互影响和联系的前提之下，考察所有市场上的商品价格与供求之间的关系和状态。二者之间的联系也非常紧密，即局部均衡和一般均衡都是通过价格研究供求之间的对应关系；局部均衡作为一般均衡的基础和条件。二者的区别主要是个体和全体、简单和复杂、微观和宏观的差异。

这种分类和分析有几种特点。第一，分析逻辑上有点混淆。个体分析和个别市场分析是不同的。供给和需求的局部分析中，运用的是个体分析，即个别消费者的供给和需求的影响因素，是从个体的角度来进行的分析，在局部均衡分析的时候没有区分这一概念；在分析局部均衡的时候，各自研究了众多的供给和需求的影响因素，最后将价格因素作为分析的切入点，以此为杠杆，产生了供给和需求的局部均衡。在一般均衡的分析中，首先承认了市场之间的相互影响和联系，在供给和需求的影响因素中，有相关产品的价格和其他的影响因素，即一般均衡承认了这种关系，并在此基础上来分析整个市场的均衡情况。但是在分析中，仍然只是用到了价格这一因素来作为供给和需求的一般均衡的平衡杠杆，而且用到的是局部均衡的分析框架和结论，承认却没有分析其局部均衡的其他影响因素，逻辑上有矛盾的嫌疑。第二，宏观市场和微观市场是不同的，分析的要素和框架也应该是不同的，宏观市场不是微观市场的简单相加，它有自己的影响因素、行为方式和平衡方式。这与个体和群体的行为模式有点相像，群体由个体构成，但不是个体的简单相加，形成群体后有着自己的运作模式和影响因素。在经济学中对宏观市场的均衡分析基本采用的是商品市场和要素市场的综合来作为一般均衡问题的分析框架。而在具体的微观市场的均衡如何加权成为宏观市场均衡，要素市场的均衡如何与商品市场的均衡融合成为整个市场的均衡方面论据不是很充分。第三，过于注重理论的推导，在现实中很难得到检验和应用。无论是一般均衡还是局部均衡，其存在的意义是重大的，但是经过假设后仅讨论价格因素下的均衡，与市场的实际问题相差颇大，基于此得到了所谓的均衡，很难接受市场的检验。如果以此作为制定政策和策略的依据，那么将可能陷入片面的境地。

（二）均衡的多态性研究

1. 均衡的“多态性”

“多态”是指事物同时具有的多种形态，一般用于生物、遗传等多领域研究。多态性指的是事物在水平层次上的形态和状态的多样性。均衡是具有多态性的，而均衡的多态性源于供给和需求的影响因素的多态性或者多样性。

均衡问题主要研究供给和需求的平衡问题。到了买方市场阶段，需求的满足成为均衡的关键因素；需求具有多样性，要求供给也具有多态性；同时供给不是单纯地为满足需求的无意识的供给；供给也具有主观的判断、权衡和选择。因此，在进行需求的满足中，供给和需求的每一次均衡都是双方博弈的结果。

需求的多样性。一方面，从需求主体的本性来说，人具有求新求异的属性；另一方面，从需求的影响因素看，众多的影响因素决定了需求的多样性。比如，偏好因素中，人的偏好是不同的，不同环境下的不同人，同一环境下也可以塑造不同的价值观念，偏好的形成和促动因素都使偏好具有多样性的特征，由此影响的需求也会具有多样性；价格因素，看似价格因素是客观的，但是不同消费观念之下，消费者对价格的敏感度却不同。知识构成和人们对商品的迫切性及对商品价值的客观认识不同，也会使价格因素对需求的影响力度不同；相关产品和替代产品的丰富程度也会对需求的影响不同。影响需求的每个因素都呈现多样化的分布特征，因此，需求本身具有多样性或者多态性。

供给的多样性。笔者前面在分析供给时也分析过影响供给的因素，在前面的分析中更多的是针对满足需求下的供给，因为需求的多样性，所以供给必须要求多样性。另外，在满足需求的过程中，作为供给的一方，也有效率和效益、长期利益和短期利益的权衡、跟随和引领等不同的市场定位，供给的决策和模式将会更加丰富和多样化。也就是说，客观满足需求的变化和主观决策都使供给具有多样化的特征。

供给和需求的多样化特征使二者的均衡具备显著的多态性特征，这部分是传统经济学研究中所忽视，或者假定为稳定性的部分。

2. 互联网经济下的均衡更适合多态性的分析

互联网经济下，供给和需求的多样性特征表现更加明显。如果把均衡理解为供给和需求的一种相互满足状态，那么互联网经济下供给和需求的多样性决定了二者的均衡状态的多态化特征，多态性的均衡在互联网经济下表现得更加突出。

互联网经济的多态性主要也是通过供给和需求的特征表现在以下方面。

（1）近乎“无限”的商品供给特征

前面已经分析过，传统的渠道受物理空间的局限，上亿件商品的卖场在传统的商务中是不可想象的。但互联网的空间“无限性”克服了物理空间的制约。人们可以不受成本限制，近乎无穷地增加商品展示的数量和品种。一是传统商品的直接挪移，把传统市场的商品直接转移到互联网上来，增加了传统供给与需求的对接。二是传统产品的“商品化”，很多传统产品借用互联网平台进行销售而成为可交易的商品。很多原本存在的产品，由于地区偏远、交通不便、信息沟通不足、缺乏渠道模式和消费市场等市场方面的原因，仅供当地或者个人使用，无法变成可交易的商品。而借助于电子商务的平台，实现了由产品到商品的转化，极大地丰富了消费市场，让商品“海量”起来。三是基于消费需求的特征而创造出来的新的商品和服务。在满足消费需求的过程中，随着消费需求的变化，不断地进行着产品生命周期的轮换。而互联网经济下，除了传统的商品生命周期轮换外，有专门针对互联网的经济特征而进行的商品生产和模式创新，显示出很明显的互联网化的特征，是目前交易商品海量的另一重要来源。

（2）互联网经济下的需求多态性变化

①自主性。“我的消费我做主。”尊重他人的意见和商家的推荐，但不等于盲从。信息媒体技术的发展，海量的信息让消费者有充足的信息了解渠道和“专业化”的消费知识，对商品的适用性有自己的见解，消费呈现自主性消费为主。

②个性化。“拒绝同质化。”网络时代借助电子商务平台的媒体属性，人们对于时尚的理解和表达更加专业。在选择商品和服务的过程中，更加在意商品和服务对自己的个性化的满足。标准化、格式化的商品和服务，在网络时代的需求中可能会被当作“老套”“呆板”的代名词，经典的风格也许要表达个性化的特征。

③多样化。“这是个博爱的时代。”互联网技术的发展和商品的极大丰富，消费者可选择的途径增多，“货比三家”更加容易，也更加激发了消费者追求多样化的潜在需求，使消费者对品牌的忠诚度可能降低，求新的体验式消费可能更受消费者的欢迎。

④现实性。“人人都可成为专家。”互联网时代的消费者没有对高科技产品的畏惧感，有着快速获取任何科普知识的便利渠道；加上选择的多样性，消费者可以充分地对商品的性价比进行分析，择优选择；选择方面更加注重产品提供的价值及利益；“跟风”可能跟随的是风格和时尚，而不是“一帮哄”式的购买，人们的消费更加理性化。

⑤互动性。“我要充分参与。”互联网时代特有的信息技术和服务平台，使得信息沟通相对充分，互动式的消费比较流行。消费者善于和乐于主动选择信息并且乐于进行双向沟通。消费者希望通过网络展现自己的想法，在商品的选择上更希望自己能够参与意见，他们会把自己对产品外形、颜色、尺寸、材料、性能等多方面的要求直接传递给生产者，在消费中充分体现自己的互动性的消费特征。

这种近乎“无限”的供给和多样化的需求，使得互联网经济下的市场呈现出一种多态的均衡关系。

三、多态均衡下的互联网经济“帕累托最优实现”

一般均衡下的帕累托最优以其苛刻的现实条件，被认为是工业经济中“无解”难题，然而网络经济条件下，工业和商业中供给和需求质和量的转化，使得帕累托最优的实现成为可能，加之互联网经济的多态性，更为互联网环境下的帕累托最优的实现提供了现实路径。

（一）经济中的帕累托最优实现难题解析

1. 帕累托最优概述

“帕累托最优”又称为“帕累托效率”，因在分析经济效益和收入分配中使用了这一概念而得名，因其构建了效率和公平的“理想王国”而备受青睐。它强调在静态假设的条件下，固定的人群分配固有的资源，每一种分配状态与分配状态之间的变化中都要把握一个原则，即新的分配状态需要在没有使任何人境况变坏的前提下，使得至少一个人变得更好。这种状态之间的变化就是帕累托改进，帕累托最优状态就是不可能再有更多的帕累托改进的余地。帕累托最优的三个基本标准是交换的最优条件、生产的最优条件及交换和生产的最优条件，即生产和交换同时达到帕累托最优状态，任何两种商品对消费者的边际替代率必须等于这两种商品的边际转换率，才能达到社会福利最大化的帕累托最优状态。生产两种商品 X、Y 时的边际转换率等于这两种商品被交易时的边际替代率[①]。

用公式表示：$MRT_{XY} = MRS_{XY}$。

2. 经济学质疑

作为一种理想状态，帕累托最优的假设条件、改进过程和最终的“帕累托最优”在现实中能否被实现一直备受质疑。如帕累托最优的静态假设，“生产技术和消费者偏好都是不变”这一前提基本否定了其现实性，无论生产技术还是消费者偏好，现实中一直是动态的，前者是人类进步的第一生产力，后者是经济社会当中最为活跃、动态的因素。在帕累托改进中，“没有使任何人境况变坏的前提下，使得至少一个人变得更好”的情况也不会出现。首先，全部人都改进的状态在现实中不存在；其次，部分人改进中，就如“逆水行舟，不进则退”的动态分析一样，相对于改进者来讲，不变的一部分人实际的福利水平已经下降了，最终导致所谓的理论分析的帕累托最优状态不会出现。帕累托最优所描述的方法和场景就如“镜花水月”一样，无法与现实对接。

（二）帕累托最优难题的本质分析

1. 二八定律

经济理论中确定了被认为不可能实现的“帕累托最优”状态，完美描述了社会福利最大化的效率和公平的分析方法后，帕累托又从现实中归纳出了二八定律。1897 年，帕累托偶然注意到 19 世纪英国人的财富和收益模式，在调查取样中发现，大部分的财富流向了少数人手里。同时，他还从早期的资料中发现，在其他的国家都发现有这种微妙关系一再出现，而且在数学上呈现出一种稳定的关系。于是，帕累托从大量具体的事实中发现：社会上 20% 的人占有 80% 的社会财富，即财富在人口中的分配是不平衡的。二八定律让人们对经济、社会、生活中的种种现象进行了反思，并把这种投入和产出之间不平衡的现象用“二八

① 李成钢．互联网经济的理论创新和实践 [M]. 对外经贸大学，2016：151.

定律”命名。“二八定律”被广泛应用于管理学、经济学、心理学等学科和领域。由此引起了对时间管理问题、重点客户问题、财富分配问题、资源分配问题、核心产品问题、关键人才问题、核心利润问题、个人幸福问题等问题的关注和研究。可以说，二八定律是从实践上对帕累托最优状态的检验，这种效率和收入的分配状态才是帕累托改进过程中必须面对的现实条件。

2. 帕累托最优难题的本质——市场中的供、求“缺位”

从供给的角度看，少数的大公司提供了大多数的产值和份额，大多数的小公司提供了相对较少的产值和市场份额。在统计中，“规模以上”的统计方式也是放弃了大多数中小企业，因为占有多数的中小企业都是在“规模以下”，这种“供给方的规模经济”使得供应商一直把供应的重点放在主流人群和所谓的大多数人身上；从需求的角度，“按需分配”还未能实现，较少的一部分人的需求可能成为主体需求，能够引领需求潮流，多数人的需求属于被引领和跟随状态，跟风也成为时尚流行的一种传播方式；从需求的满足角度，全民性的“个性化”定制还有很长的路要走，有一部分人的需求一直处于不满足状态，他们的意愿总是被忽略、被边缘化。

也就是说，在供给中总有一部分供给是“无效的”，它以库存或者闲置的状态存在，因为找不着合适的需求方；在需求中总有一部分需求是“不被满足的”，因为没有适合的供给方。因此，市场中总会有这样的“供给和需求的缺位”现象。那种供给和需求完全的相互满足和平衡状态就像“帕累托最优”描述的那样在现实中还没有实现过。

（三）互联网时代帕累托最优的假设修正

1. 重新认识帕累托最优的意义——一个衡量标准

帕累托最优给出了一个价值衡量标准，也反映了社会进步的最一般的规律。它在提高效率的过程中兼顾了公平的原则，不是以牺牲小部分人为代价来获取整个社会福利的提升，因为这种“以小博大”的牺牲，同样是对弱小群体的不公平。在现实中，一般把这种必需的“牺牲”变成足额的、可获得性的补偿，以这种补偿性的公平来换取社会福利的提升。帕累托改进的过程，也是人类社会不断进步和社会福利不断得以提升的过程。与其纠结于帕累托最优实现条件的可能性，不如把帕累托最优作为一个价值衡量标准和社会福利优化的实现目标，以此作为研究基础。

2. 互联网经济对“艾奇沃斯盒状图”的分析

与传统经济分析的局部均衡和一般均衡不同，互联网经济具有多态性的特征，因此，笔者认为互联网经济更加适用于多态均衡的分析。

在分析帕累托最优中，传统的艾奇沃斯盒状图，横轴代表 X 商品的数量，纵轴代表 Y 商品的数量，曲线 BB′ 为生产可能性曲线（产品转换线）。I_1、I_2、I_3 为无差异曲线，同时，I'_2、I'_3 及 BB′ 也为无差异曲线，因为 $O\bar{X}E\bar{Y}$ 就是一个艾奇沃思框图。从图 3-10 可以看出，在资源既定条件下，只有切点的两种产品的边际替代率等于这两种产品的边际转换率。此时，两种产品的数量组合既实现了生产最有效率，又满足了消费者最大化的需求，从而使生产和交易同时达到帕累托最优状态，而其他任何一点，产品边际替代率与边际产品转换率不相等。

在互联网经济下，基于“海量”供给与需求的衔接程度大为提高，商品供给能力的提升和需求的快速变化，反映了市场的常态，而在这种不断的供给和需求的对接中，市场呈现出一种动态的均衡关系，如图 3-10 所示。边际替代率和边际转换率达到一种平衡状态。

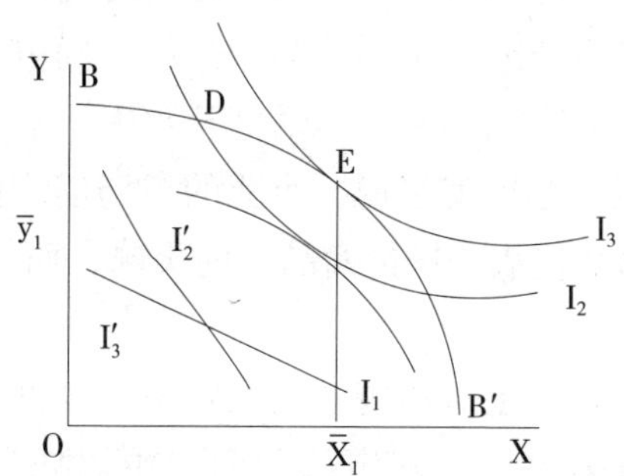

图 3-10　边际代替率和边际转换率的平衡状态

与传统经济中的“最优结果”的含义不同，网络经济下的“最优”不是绝对意义上的理论均衡的最优结果，而是“排他性”的“最优”，即综合权衡之后的最优解。

3. 互联网经济下的帕累托最优

在前面分析均衡时已经分析，传统的均衡分析框架本身存在与现实对接的诸多问题，其一般均衡和局部均衡的现实性受到质疑。帕累托最优的条件和均衡的理解很相似。如在帕累托最优的描述中，“帕累托最优是这样一种状态：不可能通过资源的重新配置，在其他人的效用水平至少不下降的情况下，使任何个人的效用水平有所提高”；而在均衡的描述中，指出均衡是这样一种状态，“买卖双方都对当前购买或者销售的价格和数量组合感到满意，因而，都没有动力来改变他们现行的行为”。这与帕累托最优描述的情景很类似。

互联网经济下的帕累托最优的解析，应该从供给和需求的满足来进行分析，简单地理解均衡问题就是供给和需求的相互关系问题。因此，互联网经济下均衡的多态性分析，使互联网经济中的供给和需求的对接更加接近于均衡状态。传统的帕累托最优是当前条件下的买卖双方都不愿意改变的一种状态，也就是最优解，而互联网经济下的帕累托最优是当前状态下的最佳选择。二者尽管有一定差别，但是通过动态的变化，即互联网经济下需求的时刻变动性和供给的“无限满足性”，使得每次交易达成的结果都是这种最优选择。这种最优选择的达成，不仅是供给和需求的双方，还有基于互联网经济的价值观和规范体系的形成，即互联网经济体系的建立，才能确保这种每次交易的“最优选择”是帕累托最优的“最佳状态”。

（四）长尾理论下基于多态均衡的帕累托最优的实现分析

长尾理论是基于长尾市场即利基市场兴起的理论，即只要产品的存储和流通的渠道足够大，需求不旺或销量不佳的产品所共同占据的市场份额可以和那些少数热销产品所占据的市场份额相匹敌甚至更大，众多小市场汇聚成可产生与主流相匹敌的市场能量。也就是说，企业的市场创新型市场开发和销售量不在于传统需求曲线上那个代表“畅销商品”的头部，而是那条代表“冷门商品”经常为人遗忘的长尾。

有人认为“长尾理论”是对传统“二八定律”的彻底叛逆。笔者认为，把“长尾理论”的产生作为由“二八定律”向“帕累托最优”改进的路径更为恰当。帕累托提出了两个截然相反的结论性观点，即效率与公平之间的最优解——“帕累托最优”和现实当中投入和产出反差最大的“二八定律”。前者这种几乎不可能实现的理想状态，在“二八定律”描述的工业社会供给和需求的“缺位”状态下，显得更荒谬。但是在长尾理论的描述中，我们却能够看到一种供给和需求之间平衡的改进及整体社会福利提升的空间。

首先，我们把“帕累托最优”作为阶段性平衡的目标。就像供给和需求的平衡一样，它会随着条件的变化不断地达到新的平衡，平衡是动态的平衡，但是在达到平衡的那一瞬间，可以说是静态的。即我们确定可以达到帕累托最优，摒弃掉所谓的不现实的假设条件和实施路径，帕累托最优可以作为一定时期内社会福利改善的目标性状态。

其次，我们把“二八定律”描述的“供需缺位”的现象作为一种常态，即现实中投入和产出的不平衡现象是一种常态，是在传统经济和市场模式下无法解决或者改进的一个“顽疾”。在这种状态下，小部分人的需求永远得不到关注和满足，也就是在帕累托改进中，这部分人的利益是“被静止”的，根本达不到“帕累托最优”描述的状态。而这种供给和需求的各自“缺位”状态，成为“帕累托最优”的重要阻碍，这种缺位状态的改进，意味着帕累托改进的效果和进步。

最后，从长尾理论的描述看，它是通过潜力市场的挖掘来进一步弥补“小众供给”和“小众需求”的平衡状态。它是基于“二八定律”描述的不平衡的状态而进行的弥补和创新，是向着社会福利最优状态迈出的关键性步骤。“二八定律”是其产生的基础，“帕累托最优”是其改进的目标。

综上，无论基于哪种理论，我国互联网经济未来发展市场，需要达到的都是一种在多样化供需关系下呈现的多态均衡，市场才能趋于稳定地发展下去。

第三节　互联网经济发展趋势

电子商务、数字化产业及互联网新业态的内容、结构甚至是格局都将有更加规范、更加深远的发展。互联网经济明显已经成为新时代经济发展趋势，因而，我们需要对互联网经济布局、模式及环境有正确的、符合时代发展方向的计划，使经济健康、高效、稳步发展。

一、中国数字内容产业未来的发展趋势

伴随网络强国、数字中国战略加快实施推进，我国数字经济发展正不断迎来新的发展高峰，成果显著。其中，数字内容产业作为数字经济的重要组成部分，近年来保持高速增长势头，尤其受到我国互联网基础设施建设不断完善、通信资费水平下降、城乡居民收入水平提高等因素推动，网民数字内容需求更加旺盛，产业发展环境更加优越，动力更加充足。当前，随着智慧城市、数字乡村建设陆续被提上议程，大数据、云计算、人工智能、AR/VR 等前沿技术应用愈发广泛深入，数字内容产业发展必将迎来更多机遇。

新时代背景下，随着我国经济社会持续发展进步，国家综合实力显著增强，人们对美好生活的追求与愿望更加强烈，尤其是在精神领域的需求目前已

经进入高速增长期和爆发期，我国的数字内容产业也日益向更深、更广、更远发展演进。

（一）内容升级带动体验优化和消费升级

面对日益旺盛的用户需求，内容升级的形势愈发紧迫。在内容生产上，无论是用户生产内容，还是专业生产内容，内容质量都将更上新台阶，优质内容依旧是今后数字内容产业取胜的关键；在内容种类上，垂直细分领域是数字内容产业的布局重点，通过不断丰富内容主题，多元化、差异化满足各类用户需求，将助力数字内容产业继续做大做强；在内容形式上，人工智能、大数据、AR/VR/MR 等技术不断升级和发展成熟，将被更加广泛有效地嵌入数字内容生产、传播和使用等环节中，如可以通过 VR 设备实现智能学习、智能演练等。

在内容升级的同时，用户体验和消费亦将同时实现升级。数字内容在生产、传播、呈现、使用等方面将更加智能化，内容的应用场景也将更加多元，在此基础上，用户将收获更加个性化、差异化的内容体验。加上人们收入水平提高，其对数字内容的消费意愿也不断增强，愿意在丰富自身精神生活方面进行更多消费，由此助推数字内容产业的消费升级，且用户消费不只局限于内容本身，从内容延伸出的更大范围的产业链条都将是用户消费的重要领域。

（二）细分领域的产业融合继续走向深入

从人类社会发展的趋势来看，行业分工必将越来越细，专业化程度也将越来越高，在数字内容领域同样如此。随着数字内容产业发展愈发成熟，产业内部的垂直细分程度也不断提高，近年来颇受资本市场青睐，在各细分领域的投资比例不断增加。在今后发展过程中，垂直细分仍是大势所趋，但各细分领域间的产业融合现象也将更加频繁出现，融合层次和深度将继续向深推进。

一方面，垂直细分领域由于其深耕特定产业，导致其产业链条相对较短，辐射范围有限，而不同细分产业之间的共同合作将能够充分发挥各自优势，放大一体效能，如文学、动漫、视频、游戏、音乐等在有效融合的基础上，能够形成以网络视频为核心的全域产业链条，同时可以从线下开展服务，围绕特定 IP 为用户打造多主题、多形态、多品类的服务体系。

另一方面，在细分产业的优势打造方面，与其他细分产业的有效融合可以实现“集百家所长于一身”，这种借力既能为自我节约成本，又能实现双方或多方共赢，从而使细分产业能够更加专注于对自我优势的打造提升，以特有“长板”取胜。

（三）文化“走出去”的内生动力更强劲

随着我国越来越深入地参与到全球化发展进程中，世界各国了解和认识中国的愿望也更加强烈，文化“走出去”战略不仅是为世界了解中国提供一个窗口，更是将中国智慧贡献给全世界。

网络强国、文化强国等作为新时代中国特色社会主义的奋斗目标，在党和政府高瞻远瞩的战略规划和布局下，正一步步向我们靠近。以数字中国建设为抓手，以智慧城市、数字乡村建设为着力点，以数字内容产业发展为重要驱动力，我国数字经济发展势头更加迅猛，为文化“走出去”战略提供了强有力的支撑。

如今，数字内容产业的发展不再仅局限于国内，全球化使其参与到同世界范围内数字内容产业竞争的大环境中，抓住机遇，不断增强自身实力和竞争力，将不仅为产业发展赢得主动，更将有效推动中国文化走向世界。近年来，我国在数字出版、数字视听、数字娱乐、数字教育等领域走出国门的步伐不断加快，在今后发展过程中，数字内容产业在坚持盈利的同时，应更加肩负起国家和社会责任，助力中国文化、中国精神、中国方案对外输出，以增强我国在世界范围内的影响力和话语权。

（四）移动内容消费将主导未来竞争格局

中国互联网络信息中心发布数据显示，截至2018年底，我国有98.6%的网民通过手机上网，移动化是互联网未来发展的重要趋势。习近平总书记在主持中共中央政治局第十二次集体学习时强调，要坚持移动优先策略。另外，各项数字内容用户使用数据均显示，移动端是用户进行数字内容消费的主要选择，尤其随着上网更加便利，以及5G技术即将全面投入使用，移动互联网的用户与流量规模将更加巨大。因此，未来数字内容产业的竞争格局将主要取决于用户在移动端的内容消费。

目前看来，数字内容产业内相关企业或平台都已加快在移动端的布局，通过便捷接入、丰富内容、优化体验等手段吸引用户与流量。同时，针对移动端的经营模式将有更多探索和创新，其不只是内容的简单搬运和供给，更多的是基于用户所处场景和内容使用偏好，向其提供高品质、定制化的内容服务，移动端的内容服务将更加智能化、个性化，其在作为用户和流量主要端口的同时，亦将直接主导对数字内容产业格局的重新划分和建构。

二、电子商务发展趋势

在当前数字经济浪潮奔涌而来、新一代信息技术加速成熟的时代背景下，我国电子商务作为具备国际领先优势的先导性产业，规范化、国际化、融合化、多元化发展将成为主题，将成为我国践行“以人民为中心”发展思想、实现普惠化发展的重要力量，助力建设强大国内市场，推动新一轮全球化深入发展。

（一）规范化发展

《电子商务法》已于2019年1月1日正式实施，我国电子商务在经营主体登记、一致性纳税、平台企业责任、消费者权益保障、跨境电商监管等方面都将迎来规范化发展的新阶段。同时，伴随欧盟GDPR、APEC-CBPRS等海外法规、标准的逐步实施，海外跨境电商市场的规范性也在提升，我国的跨境电商市场主体也一定会受到比较大的影响。总体上，规范化发展趋势已经不可避免。但是，当前各国对于跨境电商概念的内涵、外延还缺乏一致性的认识，对于相关业务的监管也各不相同，围绕跨境电商的国际规则及标准体系尚未形成。我国正结合国内电商市场及跨境电商的监管经验，通过多双边机制加强电商国际交流与合作，积极推进跨境电商国际统一大市场建设，努力为我国的跨境电商企业创造良好的国际发展环境。

（二）国际化发展

伴随中国电商企业“走出去”步伐的加快，国际化已经成为中国电商市场和资本关注的重要发展方向。习近平总书记在2017年“一带一路”国际合作高峰论坛的演讲中提到“我们要着力推动陆上、海上、天上、网上四位一体的联通”，在2018年”一带一路“国际合作高峰论坛的演讲中又专门提到数字丝绸之路的建设。积极发展沿线国家间的跨境电商合作也是国家相关部委的重点方向之一。商务部也在积极推进“丝路电商”合作。这些合作方向上都包含促进沿线国家间的企业合作内容，会为广大企业搭建合作的平台，促进项目合作的开展。围绕“一带一路”沿线国家，跨境电商蕴含巨大的发展合作潜力，越来越多的海外客商希望通过跨境电商进入中国庞大的国内消费市场；中国也有越来越多的企业通过跨境电商把优质的中国商品出口到沿线国家，甚至前往沿线国家进行电商投资直接服务当地消费者。这种需求将促使围绕跨境电商方向加速实现政策沟通、设施联通、贸易畅通、资金融通、民心相通，“一带一路”倡议的深入推进将为电商国际化发展提供良好的基础设施和政策环境。

（三）融合化发展

党的十九大报告提出，要推动互联网、大数据、人工智能和实体经济深度融合。电子商务作为数字经济的重要组成部分，一端连接的是消费者，另一端连接的是产品生产商或服务提供商，相对于传统流通最大的优势就是数字化，有了数据的支持，电商可以更精准地把握消费需求，更精准地引导产品和服务发展方向。电商的快速发展推动了监管服务模式的创新，也推动了生产商在产品研发、设计、生产、物流、仓储等各环节的数字技术应用，发挥了一个电商相关产业数字化催化剂的作用。伴随我国“互联网+”战略的深入推进，以电子商务为牵引的一、二、三产业融合发展态势已经显现。电子商务自身也在与实体零售、流通供应链、生产制造、农业产品、对外贸易等实体经济深度融合。在融合化发展过程中，电子商务通过不断的模式创新、场景创新、技术创新实现自身的创新发展，不断发掘新的市场空间与机会，在服务于实体经济转型升级过程中，电子商务的成长与创新空间依然十分巨大。

（四）多元化发展

以阿里、京东、腾讯等为代表的平台型企业发挥自身生态资源优势，致力于打造新一代的商业基础设施。阿里提出通过商业操作系统帮助企业完成“品牌、商品、销售、营销、渠道、制造、服务、金融、物流供应链、组织、信息技术”等11大商业要素的在线化和数字化。京东致力于成为新商业基础设施的提供商，通过新一代技术实现智能供应、智能运营和智能营销，并全面为合作伙伴赋能。腾讯提出自身的产业互联网发展战略，在加快发展产业互联网、促进实体经济高质量发展过程中，互联网企业做好连接器、工具箱、生态共建者。在大电商平台企业构建的新商业基础设施的基础上，电子商务流量模式也会呈现出收益多元化的发展态势，社交电商、网红直播、小程序等新电商模式快速成熟，未来基于AI、AR/VR、区块链等新信息技术的电商模式也将加速涌现，不断丰富电商应用场景，提升消费服务体验。

三、我国互联网经济发展趋势

（一）网络零售市场将实现进一步的整合重组

我国网络零售市场未来的发展方向可以总结为以下三点。

首先，网络零售的线上线下渠道将进一步打通。作为网络零售市场直营模式的代表——京东，早在2016年便不断推进销售渠道下沉，打造自营线下门店，截至 2018 年底，集中在一、二线城市的京东之家与聚焦三、四线城市的京东专卖店在全国范围内的开店数量突破 2 000 家①。

其次，网络零售市场将同其他互联网经济业态实现进一步的融合发展。这些业态包括以微信为代表的互联网社交平台，以今日头条、抖音为代表的互联网内容电商平台。例如，京东在 2019 年 5 月同腾讯续签了为期三年的战略合作协议，腾讯将继续在微信平台上为京东提供接口，在社交媒体服务、广告采买和会员服务等一系列领域展开深度合作。再如，内容电商的代表抖音与网络零售业的先锋者阿里展开合作，在 2018 年底正式引入购物车功能，可以从小视频页面直接调转至淘宝页面，实现了从内容电商到零售电商的“引流”。

最后，市场细分化程度进一步提升，市场竞争更加充分。如拼多多，将目标市场定位在三线及以下城市，并且通过社交分享、低价诱导等营销方式，有效占领了底线城市的市场空间。

（二）互联网企业跨界竞争愈发频繁、激烈

最近一年来，互联网平台型企业经常从其所在市场跨界进入其他看似非常不相关的市场，并与该市场的在位企业进行竞争。例如，占据网上外卖市场最大份额的美团在 2018 年初正式进入网约车市场，并在 2018 年 4 月进入上海、成都、厦门等七座城市；而作为网约车市场的龙头老大滴滴出行强势进入网上外卖市场，在 2018 年 3 月进入南京、成都、厦门等九座城市。

美团与滴滴之间在网上外卖与网约车两个市场所展开的激烈的跨界竞争看似奇怪，但其中的道理却十分深刻。从资金与技术层面上讲，相较于传统经济中的制造业与服务业，互联网经济的产业特征是进入门槛低。但互联网企业在发展的初始阶段却迫切需要外部资金的支持，原因就在于需要利用这些资金通过低价、补贴等方式吸引足够量的用户，充分发挥平台经济中普遍存在的网络效应。因此，互联网产业最大的门槛实际上就是用户基础，也就是通常说的“流量”。一旦达到足够数量的用户规模，互联网平台型企业自然要充分发挥这一优势，在现实经济中的表现就是跨界竞争。特别是对于与衣、食、住、行相关的领域，消费者往往具有“重叠性需求”，互联网企业在这些领域开展的跨界竞争也就更为普遍。不难想象，随着互联网各个行业的优势企业逐渐发展成熟，未来互联网经济中的跨界竞争将变得愈发频繁、激烈。

（三）产业互联网有望成为未来新的风口

2018 年 11 月，在乌镇举行的世界互联网大会上，数家大型互联网企业均

① 该数据来自京东集团发布的 2018 第四季度以及全年财报。

指出中国互联网经济的上半场是消费互联网，而下半场则属于尚处在萌芽期的产业互联网。产业互联网的本质是出在生产链不同企业之间基于互联网实现数字化协同生产，从而大大降低整个供应链的运行成本，提高生产链上下游企业之间信息传递的效率与精度。

在互联网经济中，厂商内部的生产方式及厂商之间的协作方式由线下的物理空间逐步迁移到线上的网络空间，从而产生出一系列新生产方式，如产品设计与生产的定制化；企业更为关注产品物理属性之外的服务属性；企业之间的协作通过以大数据、云计算、人工智能为代表的新一代信息技术所实现的智能化，等等。这些在企业生产与协作的新模式都将融入产业互联网的范畴中。在生产要素层面，数据则能够通过互联网为企业带来最大增加值的生产要素；在技术层面，由于存在网络效应，产业互联网中的企业将表现出强烈的规模经济递增规律，并且能够通过互联网等同消费者进行深入互动，实现价值共创；在协作层面，产业互联网中上下游企业可以通过建立基于互联网的虚拟企业，实现数字化管理、数字化制造与数字化营销。从连接的节点与应用程序需求数量上看，产业互联网将高于消费互联网10倍以上[①]，因此，产业互联网很可能成为中国互联网经济未来新的风口。

（四）跨境电商持续成为外贸领域的发展热点

随着“一带一路”合作倡议逐步实施并成为相关国家合作共赢、共同发展的重要平台，商务部进一步提出“丝路电商”的国家间经贸合作新渠道。截至2018年底，中国已与越南、巴西、俄罗斯等多个国家建立了电子商务合作机制；与爱沙尼亚、巴西、柬埔寨等国召开电子商务工作组会、圆桌会，开展政策协调、项目对接和能力建设；完成了中国—格鲁吉亚、中国—新加坡等自贸协定的电子商务谈判，推进区域全面经济伙伴关系（RCEP）、中日韩、中国—新西兰等十余个自贸协定电子商务谈判，通过自贸区平台构建互利共赢的电子商务国际规则体系。在多边和区域机制框架下，倡导促成《金砖国家电子商务包容性合作倡议》《中国—东欧国家电子商务发展倡议》等合作文件签署。

另外，在“数字丝绸之路”的建设方面，通过促进通信、基础设施、电子商务、智慧城市等数字经济领域的国际合作，截至2018年12月，中国与捷克、古巴、哈萨克斯坦等16个国家签署了“数字丝绸之路”建设合作谅解备忘录，与阿联酋等7个国家共同发起了《“一带一路”数字经济国际合作倡议》等多边机制。

① 陈永伟．促进产业互联网快速发展[N]．经济日报，2018-12-11(009).

四、互联网新经济模式发展趋势

新业态是指基于不同产业的组合，企业内部价值链和外部产业链环节的分化、融合，行业跨界整合，以及嫁接信息和互联网技术所形成的新型企业、商业乃至产业的组织形态。近年来，移动互联网、云计算、大数据等新兴信息技术已在金融、工业、农业、商业、物流、文创、医疗、教育、旅游、餐饮等行业催生出多种形式的新业态。发展至2018年，由技术创新催生的新业态市场规模不断扩大，成为引领中国经济增长的重要力量。国际数据公司（IDC）发布《中国公有云服务市场（2018年下半年）跟踪》报告显示，2018年下半年中国公有云服务整体市场规模超过40亿美元，其中，IaaS市场增速再创新高，同比增长88.4%，PaaS市场增速更是高达124.3%。中国信息通信研究院发布的《物联网白皮书（2018年）》显示，截至2018年中期，我国物联网产业总体规模已达1.2万亿元。2018年，中国移动互联网月度活跃智能设备规模增至11.3亿元，1～7月全网网上零售额达47 863亿元，同比增长29.3%。按国家统计局最新发布数据，2017年全国“三新”经济增加值为129 578亿元，占GDP的比重为15.7%，比上年提高0.4个百分点。

（一）提升智能化体验将是新业态升级的发展方向

提升智能化体验将是新业态升级的发展方向。经过传感器普及，现实世界实现数字化，人工智能也开始广泛应用于安防系统、新零售、智能家居等领域。人工智能技术将线下用户行为轨迹上传，将线上和线下打通，对零售、交通、仓储、物流、教育、医疗、农业、能源、娱乐等传统行业实现巨大提升。

以新零售为例，消费体验中的智能化交互触点包括商品上的条形码、APP上的付款码、APP的通知、APP的订单、叫号大屏、广告活动二维码和礼品卡等。通过找到这些把“人—商品—数字工具—金钱”串联起来的触点，让数字产品承担起线下购物中的助手，甚至承担起智能导购的角色。2018年，永辉超市将超级物种的广州漫广场店作为试点，开启智慧零售、无人机配送模式的探索，提升用户消费场景体验。本次配送所用无人机是亿航智能研发的四旋翼物流无人机，飞行速度可达40千米/小时，配送半径为4.5千米，载重500克。据悉，这是国内第一批正式获批的无人机物流配送常态化运行飞行航线。使用无人机进行配送服务，超级物种的生鲜用户从下单到取餐，整个流程将从30分钟缩短为10～20分钟，可节省40%～60%的配送时间，配送成本可降低50%。

以共享单车为例，智能锁将自行车从传统公共自行车的换车桩解放搬到云端，用户只需要进行二维码的扫描就能实现借车和还车，从而让人们的出行效率得到提升。便捷智能的体验成为共享单车能够在短时间内被用户接受的关键。在可以预见的未来，共享单车在智能体验上还有很大的发展空间。例如，建立共享单车智能存取库，设置便捷电子围栏，追踪“僵尸单车”等，解决共享单车乱停乱放的问题；利用大数据，推算消费者使用规律，提升共享单车的线上配置效率。2019年，“共享汽车”也成了一线城市的热门共享项目。

（二）创新驱动的跨界融合将成为新业态升级的发展方向

互联网、移动互联网与传统零售业、金融业、服务业等行业进行纵深跨界融合，衍生出了众多创新性的新业态。其中，涉及娱乐、商务、生活的互联网应用服务多种多样，如移动支付、位置服务、移动医疗、可穿戴设备、车联网、智能家居、智能交通等。另外，跨界融合模式把线上和线下流量人口整合，进行贯通及高效的数字化运营，通过线下服务的体验引导与线上消费者前置拦截提升融合新业态的综合绩效。

盒马鲜生将餐饮体验引入超市卖场，通过增加餐饮服务、店内代加工提供了更丰富更新鲜的生鲜类购物体验，这有助于提高来店消费者的频次，扩大人群范围。在红孩子母婴店中，商品的销售面积只占一定比重，整个门店更大范围则是构建亲子活动、教育等区域以提高用户体验。北京乐语通讯门店（Funtalk）完全打破传统手机连锁店模式，在手机卖场引进大量娱乐化、互动体验、前沿科技、家庭生活等元素，提供多种功能性、增值性服务。传统书店从运营模式、业态融合、品类创新、主题营造、增值功能等方面进行多元化创新，打破原有商业模式，构建高颜值、体验化、情怀式的新书店。

（三）更智能、更高效的数字化供应链将成为新业态升级的发展方向

数字化供应链是基于物联网、大数据与人工智能等关键技术，构建的以客户为中心，以需求为驱动的，动态、协同、智能、可视、可预测、可持续发展的网状供应链体系。人工智能与算法是数字化供应链的核心与大脑，帮助企业构建更智能、更高效的数字化供应链。华为、阿里、京东、美的、海尔、富士康等企业引入数字化供应链，为它们的业务带来了巨大的效益。

新经济时代下，消费者需求呈现出个性化、场景化、全渠道等新特征，数字化供应链为新零售满足用户的不确定需求提供了可能性。以盒马鲜生为例，智能算法已经渗透到盒马选品采购、销售、最后物流履约的全流程中。盒马鲜生的全链路的数字化由多个智能化系统支撑，智能店仓作业系统不仅知道货位在哪里，任务怎么派，还能对不同工种之间进行调动。智能履约集单算法基

于线路、时序、客户需求、温层、区块实现最优的订单履约成本，在算法指导下系统把订单串联起来，并且保证串联出最优的配送批次，实现多单配送。智能配送调度系统依据配送员的位置、技能、对商品订单及区域的熟悉度做最优匹配，实现配送效率的最大化。智能订货库存分配系统依据盒马门店的历史销量，依据区域点开页面的次数及页面跳转成交的比例，去达成智能的库存分配。另外，广泛地对商品使用电子标签，将线上和线下的数据同步，线上下单线下有货，后台统一促销和商品价格，实现供应链全链可视化。

第四章　互联网消费经济新模式研究

第一节　消费者购买动机与消费心理

一、消费心理与行为

（一）消费心理理论

普通心理学研究的心理理论是消费心理学的理论基础，心理活动是消费者行为的基础和主动原因。研究消费者的心理和行为理论便于指导营销人员制订正确的营销策略，筹划和开展高效的营销活动。本节主要分析和讲述消费者的消费动机及其影响因素，以及互联网经济下消费者购买心理的变化因素。

（二）消费心理对消费行为的影响因素

1. 基于消费者个人因素的影响

（1）消费者的感觉和知觉

消费者的感觉和知觉是消费者的感性认识活动过程，消费者对商品和品牌的认识是从感觉和知觉开始的，营销人员要重视感觉和知觉对消费者购买决策的影响，并学会在营销中利用好消费者的感觉和知觉。

（2）消费者的注意、记忆、学习、思维、联想和想象

消费者的注意、记忆、学习、思维、联想和想象是消费者的理性认识，营销人员了解这一过程中各种心理活动的特性，便能在营销中正确应用，进而促进消费。

（3）消费者的情绪、情感和意志

消费者在对商品认知的基础上做出是否购买的决定的过程中，有着丰富的情感活动过程，这一过程包含情绪、情感和意志。营销人员了解消费者的心理活动，并在营销活动中利用好这一过程中各项心理活动的特点，便能提高营销效果。

2. 基于外部环境的影响

（1）消费者的群体心理

一个人独处时的行为表现与其在群体中的行为表现是不一样的，这是因为人们在群体中受到来自他人的影响和压力，从而使自己的心理和行为发生了变化。人是“社会人”，个体很难脱离社会而独自存在，出于安全、情感、尊重和认同等的需要，人们希望加入某个群体，成为群体的一员。在日常消费活动中，任何消费生活都离不开群体。不同的群体受其群体成员的影响，会形成不同的消费价值观、生活方式、群体规范和行为准则。营销者要根据不同群体的消费心理进行市场细分和定位，制订适宜的营销策略。

①群体会对消费者产生示范性：特别是对缺乏消费经验与购买能力的人，消费群体消费行为和生活方式为消费者提供了可选择的信息，从而消费者对消费者群体的依赖性，超过了对商业环境的依赖性。

②消费者群体会产生效仿性：相关群体的消费行为引起人们仿效欲望，影响人们对商品的选择。今天的网络迅猛发展，商家推出了多种营销方式，购物分享圈或直播就是利用了效仿性，尤其是分享者在某个领域具有一定权威性或知名度，消费者很容易产生效仿性，从而提升购物欲，进行购物的行为。

③消费者群体具有一致性：由于效仿导致的消费行为趋于一致。一方面，相关群体形成一种团体压力，团体内的个人因怕被抛弃或从众心理的驱使，自觉或不自觉地符合群体规范；另一方面，消费者群体的存在使消费者个体的消费行为、消费中的维权等相对更有保障，从而使消费者群体逐渐趋于一致。

（2）社会文化与消费心理

消费观的形成不仅受到个体与心理因素的影响，还受到文化因素的影响。人们的物质生活方式和精神生活方式无不烙上社会文化的印证。由于文化因素对消费者的熏陶和潜移默化的影响，使在各种文化背景下成长起来的消费者有着不同的价值观念和商品的选择标准，促使消费者在消费选择的过程中选择不同的商品。人们的饮食方式、穿戴式样、婚丧嫁娶的礼仪、待人接物的规范都要受到一定文化的制约，就是人们生活中的心理方式也受到文化的影响。

①亚文化与消费心理：从消费者行为的角度来看，一旦人口增加，社会变得复杂，就会产生无数亚集团（较小的集团）。亚集团的消费者具有该集团的独特的生活方式，成员通常产生认同。因此，一般认为亚文化对其成员的影响比社会文化（主文化）还要强。亚文化对企业研究消费者和制订市场策略更有现实研究意义。

②中国传统文化及其对消费者行为的影响：消费行为上的大众化；“面子”消费与“人情”消费；以家庭为主的购买原则；品牌意识比较强。

任何一种文化都是在特定的历史、地理环境下孕育发展而来的。每种文化都赋予人民互不相同的特殊环境，成为对消费者行为影响最为广泛、最深刻的因素。中国五千年的传统文化已深深地刻入中国人的思想之中。

（3）消费流行、习俗与消费心理

①消费流行的出现，具有多方面的原因。一方面，某些消费流行的发生是出于商品生产者和销售者的利益。他们为扩大商品销售，努力营造出某种消费气氛，引导消费者进入流行的潮流之中。另一方面，有些流行现象是由于消费者的某种共同心理需求造成的。大部分消费者在这一共同心理的影响下，主动追求某种新款商品或新的消费风格，从而自发推动了流行的形成。

在解释消费流行的形成原因时，一些学者也引用了其他学科的理论和方法。例如，心理学家荣格认为群体的意识和行为可以通过“心理能”来解释。心理能量不会随发生作用而消耗或丧失，而是从一种作用形式转换为另一种作用形式，或从一个位置转移到另一个位置。就消费者而言，当人们对一种商品的兴趣减少时，对另一种商品的兴趣便会等量地增加。消费流行也是如此，当一种消费流行衰落时，必然孕育着另一种消费流行的开始。

上述关于流行心理的分析表明，消费流行是有规律可循的，因而也是可以预测的。企业可以通过对流行趋势的准确预测，来制订相关营销策略，指导企业的生产经营活动。

②消费习俗对消费心理的影响。首先，消费习俗影响了消费者行为的稳定性和习惯性。消费习俗促成了消费者购买心理的稳定性和购买行为的习惯性。受消费习俗的长期影响，消费者在购买商品时，往往容易产生习惯性购买心理与行为，固定地重复购买符合其消费习俗的各种商品。例如，春节是我国广大消费者合家团聚、喜庆新年的传统节日，互赠礼品、亲友团聚、购物娱乐、外出旅游等已成为多数消费者的传统消费模式。其次，消费习俗强化了消费者的消费偏好。在特定地域消费习俗的长期影响下，消费者形成了对地方风俗的特殊偏好。这种偏好会直接影响消费者对商品的选择，并不断强化已有的消费习惯。比如，各地消费者对本地风味小吃的喜好，各民族人民对本民族服饰的偏好等，都会使消费行为发生倾斜。最后，消费习俗使消费者心理与行为的变化趋缓。由于遵从消费习俗而导致的消费活动的习惯性和稳定性，将大大延缓消

费者心理与行为的变化速度，并使之难以改变。这对于消费者适应新的消费环境和消费方式会起到阻碍作用。

正是由于消费习俗对消费者心理与行为有极大的影响，所以企业在从事生产经营时必须尊重和适应目标市场消费者的习俗特性。尤其是在进行跨国、跨地区经营时，企业更应深入了解不同国家、地区消费者消费习俗的差异，以便使自己的商品符合当地消费者的需要。

（4）产品与消费心理

在消费者购买产品的过程中，产品的名称、商标和包装直接作用于消费者的感觉器官，形成第一印象，首先被消费者感知并受到深刻的刺激，也是生产和销售企业参与市场竞争、保护合法权益的重要手段。根据消费者的心理特点，确定适当的命名、商标、包装，对促进产品的市场销售、维护消费者和企业双方的权益有着非常重要的意义。

①产品名称与消费心理。产品名称即生产企业赋予产品的称谓。在现实生活中，消费者对产品的认识和记忆不仅依赖于产品的外形和商标，还要借助于一定的语言文字，即产品的名称。在接触产品之前，消费者常常以自己对特定名称的理解来判断产品的性质、用途和品质。可见，产品名称具有先声夺人的心理效应。因此，有必要研究产品命名的心理特点，给产品起一个恰如其分的名字。

产品命名，实质上就是选定恰当的语言文字，概括地反映产品的特点、用途、形状和性能等。例如，山地车便是可以在山地骑行的自行车；乌发宝是使头发乌黑的洗发剂等。上述名称准确地传达了它所代表产品的基本用途和性能，从而使消费者能够迅速地获得有关产品的主要信息。

②商标设计与消费心理。商标的设计具有很大的灵活性，可以采用文字、符号、图形及其组合等多种表现形式和手法。然而，精良的商标设计不可随心所欲，而必须考虑到产品的特色和消费者的心理，力求将丰富的信息浓缩于方寸之间，最大限度地发挥出商标应有的感召力。

③包装与消费心理。商家会通过如何包装来吸引消费者的注意，诱发消费者的情感和购买欲望，产品包装设计的心理策略有：惯用包装；分量包装；配套包装；系列包装；按照消费者消费水平设计包装；按照消费者性别、年龄设计包装等等，还有一些商家会设计趣味包装、怀旧包装、错觉包装等吸引消费者的购买欲。

（5）从营销心理的角度分析，价格直接影响甚至决定着消费者的购买心理和购买行为

消费者在购买产品的过程中，一方面要看产品质量的优劣，另一方面要权衡价格的高低。追求“价廉物美”是消费者最基本、最普遍的心理规律。消费者对价格最敏感，在市场营销组合策略中，价格策略最直接、最有效。因此，企业生产者、经营者认真掌握价格的心理特征，深入研究价格对消费者购买心理的影响，对合理制定产品价格，迎合消费者心理需求，促进产品销售，有着非常重要的意义。

①对产品供求的心理预期功能。产品价格对消费需求的影响很大，价格的高低会影响到消费者对产品供求的心理预期，从而起到调节供求的作用。一般来说，在其他条件既定的情况下，消费需求量的变化与价格的变动呈相反的趋势，即价格上涨时，消费需求减少；价格下降时，消费需求增加。同时，价格调节需求的功能又受产品需求弹性的制约。

不同种类的产品，需求弹性不同。通常，与消费者生活密切相关的生活必需品需求弹性较小，而非生活必需品需求弹性较大。

产品价格对市场消费需求的影响大致可归纳为两个方面：一是消费者对某种产品的需求越强烈、越迫切，对价格的变动就越敏感，反之亦然；二是价格变动的结果可能使需求曲线向不同方向发展。例如，当某种产品价格上涨时，本来应起抑制购买、降低需求的作用，但由于消费者心理因素的作用，有时会出现“价格逆反”的现象，即“买涨不买跌”“买高不买低”。

通过以上分析可以看出，产品价格的心理功能比产品价格的一般功能要复杂得多。因此，企业既要认清价格的一般功能是价格心理功能的基础，更要认清消费者的产品价格心理功能对购买行为的影响，以便使产品的价格最大限度地为消费者所接受。

②折扣定价策略。折扣定价策略包括七个具体策略，具体如下。

第一，数量折扣策略。数量折扣策略就是根据代理商、中间商或顾客购买货物的数量多少，分别给予不同折扣的一种定价方法，数量越大，折扣越多。其实质是将销售费用节约额的一部分，以价格折扣方式分配给买方，目的是鼓励和吸引顾客长期、大量或集中从本企业购买产品。数量折扣可以分为累计数量折扣和非累计数量折扣两种形式。

第二，现金折扣策略。现金折扣策略又称付款期限折扣策略，是在信用购货的特定条件下发展起来的一种优惠策略，即对按约定日期付款的顾客给予不

同的折扣优待。现金折扣实质是一种变相降价赊销，鼓励提早付款的办法。如付款期限为一个月，立即付现折扣5%，10天内付现折扣3%，20天内付现折扣2%，最后10天内付款无折扣。有些零售企业往往利用这种折扣节约开支、扩大经营，卖方可据此及时回收资金，扩大产品经营。

第三，交易折扣策略。交易折扣策略是企业根据各类中间商在市场营销中担负的不同功能所给予的不同折扣，又称商业折扣或功能折扣。企业采取交易折扣策略的目的是扩大生产，争取更多的利润，或为了占领更广泛的市场，利用中间商努力推销产品。交易折扣的多少，随行业与产品的不同而不同；相同的行业与产品，又要看中间商所承担的商业责任的多少而定。如果中间商提供运输、促销、资金融通等功能，对其折扣就较多；否则，折扣将随功能的减少而减少。一般而言，给予批发商的折扣较大，给予零售商的折扣较少。

第四，季节性折扣策略。季节性折扣策略是指生产季节性产品的企业，对销售淡季来采购的买主所给予的一种折扣优待。季节性折扣的目的是鼓励购买者提早进货或淡季采购，以减轻企业仓储压力，合理安排生产，做到淡季不淡，充分发挥生产能力。季节性折扣实质上是季节差价的一种具体应用。

第五，推广让价策略。推广让价策略是生产企业对中间商积极开展促销活动所给予的一种补助或降价优惠，又称推广津贴。中间商分布广，影响面大，熟悉当地市场状况，因此企业常常借助他们开展各种促销活动，如刊登地方性广告，布置专门橱窗等。对中间商的促销费用，生产企业一般以发放津贴或降价供货作为补偿。

第六，运费让价策略。运费让价策略是生产企业为了扩大产品的销售范围，对远方市场的顾客让价以弥补其部分或全部运费。企业对远方市场一般采用运费让价策略。

第七，处理定价策略。对积压、滞销产品降低价格出售，如果运用得当，可以促使消费者在求廉、求利的心理动机支配下购买产品，从而减少企业损失，加速资金周转。处理价格的降低幅度应适度，过大会引起消费者的怀疑心理，过小会减少消费者的购买兴趣。再者，处理价格不能在短时间内连续降价，否则会加深消费者的疑虑和观望，抑制购买欲望。国外有的经营者说："防止滞销比处理滞销更重要。"企业一旦出现了积压、滞销产品，应该尽早尽快地处理，使损失减少到最小。

二、消费者购买行为与动机

（一）消费者购买行为理论

行为是指在外部刺激下为实现一定的目的而采取的行动。购买行为是指消费者为满足其需要和欲望在购买动机的驱使下采取的购买商品的行动。消费者的购买行为是由一系列环节、要素构成的完整过程。这一行动过程包括即期的寻找、选择、决策、购买、使用、评价及处置产品、服务的过程活动，也包括远期的储蓄与投资行为；既包括消费者的主观心理活动，也包括客观物质活动。

1. 习惯养成理论

（1）基本观点

这种理论认为，消费者的购买行为是一种习惯行为。这种习惯是消费者在多次了解、认识和购买的消费过程中形成的习惯。人的消费习惯可能由以下原因形成：一是重复，重复性的行为可以形成习惯，习惯会形成偏好，偏好会巩固习惯；二是“刺激—反应”的强度决定着购买习惯的形成；三是强化物（刺激物）可以促进习惯性购买行为的形成。

（2）习惯养成理论在营销中的运用

在营销中运用此理论就是要培养消费者的消费习惯。一是要反复不断地向消费者灌输销售信息，使消费者产生偏好，形成消费惯性；二是不断地用消费者所关注的商品属性作为强化物来刺激顾客，使其产生正向反应。

2. 减少风险理论

（1）基本观点

这种理论认为消费者不愿意购买风险大的商品，消费者的购买行为是为了减少或回避购买风险。消费者面临的购物风险主要有以下几种。

①经济风险是指可能使消费者在金钱和时间上遭受损失，如可能购买到性价比不高、质量次价格高或假冒商品。

②健康风险是指所购买的商品可能给身体健康带来伤害。

③功能风险是指所购买的商品可能功能不足或性能不好，不能满足其正常需要，或与自己期望的功能和用途有差距。

④社会风险是指所购商品可能会带来周围人的不好评价或者会被人瞧不起，伤害到自己的自尊心。

⑤心理风险是指所购的商品可能由于受到各种损失而带来的心理压力或懊悔的心理负担。

消费者为了减少风险而采取的措施通常有以下几种：多收集商品信息，不盲目购买；先少买或先试用后再决定是否再购；购买别人已经买过或熟悉的人推荐的商品；购买自己熟悉或用过的商品；购买名牌或信誉好的商品；购买价格贵的商品。

（2）减少风险理论在营销中的运用

根据此理论和消费者面临的购买风险及其采取的回避风险的对策，营销人员要做到以下几点。

①向消费者大量传播可靠真实的商品信息，降低顾客的期望值。

②营造好的社会舆论，塑造企业良好的形象、打造名牌产品。

③向初次购买的消费者提供试用品并确保试用品的质量。

④提高并长期保持产品的质量，质量不稳定会加大消费者的风险。

⑤通过投保，为消费者承担产品责任风险。

⑥采取保价回购的促销手段，即顾客所购买的产品如果在一定的期限内降价，则由企业按原价购回或者向顾客退掉差价部分。

3. 认知理论

（1）基本观点

消费行为是消费者对商品属性和商品信息认知的结果。每个消费者都想购买到称心如意的商品，如果消费者对商品的认知不够，认为产品不适合自己，即使有购买欲望也不会产生购买行为。消费者的认知过程是：在外部环境的刺激下主动或被动地注意到商品信息；对商品进行接触和了解；接受和认可商品；对产品产生喜欢和偏爱心理：肯定和相信商品并做出购买决策：采取购买行为。在这一过程中，营销人员要帮助和引导顾客产生正向的、积极的心理，促使其产生购买行为。

（2）认知理论在营销中的运用

根据此理论，营销人员要让消费者对商品形成正确的认知。一是要想办法引起消费者对商品信息的注意：二是要进行知识营销，让消费者在掌握商品知识的基础上进行理性消费；三是传播的信息定位要准确，要有针对性地做到投其所好。

4. 象征性社会行为理论

（1）基本观点

消费行为是一种社会性的行为。产品具有社会象征意义，产品的社会象征意义可以反映消费者的社会价值，消费者要用产品的象征意义来体现消费者的社会价值。

（2）象征性社会行为理论在营销中的运用

根据此理论，营销者要注意以下两点。一是要赋予产品一定的社会象征意义，如价格高昂、包装豪华、服务高级的产品能体现人的高贵身份和地位；二是要使产品的社会象征意义与顾客的追求保持一致。

（二）购买动机理论

1. 内驱力理论

这种理论认为，动机作用是过去的满足感的函数，其意义是人对行为的决策，大部分会对过去行为所获结果或报酬进行考虑，也就是人的行为动机要以过去的效益为依据。在实际生活中，许多人都如此行事，如果以往的某种行为得到了良好的结果，能从中受益，那么人们就有反复进行这种行为的趋向。

2. 认知理论

这种理论与上述内驱力理论正好相反，认为人的行为的主要决定因素，是关于信念、期望和未来变故的预测。内驱力理论是着眼于过去事件的结果，认知论则面向未来事件的预测，由此可认为，认知论认为人的行为都是有目的性的，以有意识的意图为基础。例如，消费者为货币保值而去购买价值较高的商品，如果他对这种行为能达到保值的信念十分坚定，并且认为购买的结果能得到经济上的好处，那么购物保值动机就会很强烈，他会做出种种努力去购买。反之，如果他预期得不到好处，那么他购物保值的动机就会减弱，也无需再做购买的努力。

3. 卫生理论

这种理论主要是以研究劳动者动机作用为对象。卫生论的本来含义是：如果劳动者的卫生因素（包括经营政策、工作条件等）得不到满足，劳动者会不满意；卫生因素得不到满足，动机作用因素（包括成绩、承认、工作本身、晋级等）得不到满足，劳动者还是得不到真正的满足。真正的满足是卫生因素和动机作用因素同时得到满足。

4. 诱发力——期望理论

这个理论是弗鲁姆提出的，他用诱发力、期望和力的概念来描述人类动机作用模式。该模式的内涵是个人想要进行某种行为的力，是一切成果的诱发力及其行为由于完成这些成果而同时产生的期望强度的积代数和的单调增函数。

简单地说，就是个人进行某种行为的力，是诱发力和期望强度乘积的代数和的单调增函数。其核心意义是，人的努力是由诱发力和期望相结合所决定的。

（三）消费者的具体购买动机类型

1. 求实动机

这种动机倾向的基本点是着重于消费品或劳务对消费者的实际价值。此类消费者购买商品时特别重视商品的实际效用、功能质量，讲求经济实惠、经久耐用，不大追求外观的美丽或商标的名气等。他们是中低档和大众商品的主要购买者。

2. 求新、求美、求异动机

这种动机倾向是由消费者追求异质、奇特、喜爱新东西及其审美意识所决定的。求美、求新也是人的天然性情感的表现。人是有好奇心的，人的注意和兴趣往往会被新异刺激所吸引，也因此就产生了探索求知的心理。此类动机的消费者在经济条件较好的青年男女中较为多见。这些人往往是高级化妆品、首饰、工艺品和家庭陈设的主要消费对象。

3. 求便动机

此种动机倾向的核心是消费者把消费品使用方便和购买方便与否作为选择消费品、劳务及消费形式的第一标准，以求在消费活动中尽可能地节约时间。特别是在购买日常生活用品，如油、盐、肥皂等，求方便、简便，很少有人顾及商标和商店等。购买家电时，还要考虑售后服务是否方便。

4. 求廉动机

此种动机以追求价格低廉为主要目标，其在购买活动中表现为对商品价格的敏感反应。这类消费者喜欢购买处理价、特价、折价的商品。这些人是低档商品、积压商品的主要推销对象。

5. 攀比心理动机

具有攀比消费心理的消费者，都有一个基本特征，就是不管自己是否真有这种消费需求，是否具备这种消费条件，而片面强化个人的消费欲望。表现在服装上，会不顾自己的身材、年龄、职业而模仿别人穿着；表现在用的方面，如邻居家先买 15L 的冰箱，他就不顾自家的住房和经济情况，买个 20L 的，买比别人大的，比别人贵的（名牌）。总之，持这种购买动机的消费者，往往没有养成量入为出的消费习惯，以致有些人为此债台高筑。

6. 惠顾动机

此种动机的消费者对特定商店或商标产生特殊的信任与偏好，重复地、习惯地前往一定的商店，或反复地、习惯地购买同一厂家、同一商标的商品。因为这一类商品或商店买起来放心、可信赖，具有经常性和习惯性特点。

7. 求名动机

此类动机是指消费者以追求所购商品能显示自己的地位和名望为主要目标的购买动机，其核心是“炫耀”“显名”。东西要名贵，商标要名牌，产地要正宗，以此来显示自己的经济能力和社会地位，从中获得一种让人羡慕的高贵心理。

8. 好胜心理动机

这是一种以争赢斗胜为主要目的的心理动机。这种人购买某种商品往往不是由于急切的需求，而是为了赶上他人，超过他人，以求得心理上的满足。这种购买往往具有偶然性的特点和浓厚的感情因素。目前，城市中有些家庭为“好胜”，买钢琴等高档消费品成摆设的为数不少，或电脑成了孩子玩游戏的工具。

9. 嗜好心理动机

这是一种以满足个人特殊偏好为目的的购买动机，如有人喜栽花木、养盆景，有人喜爱古董字画，有人喜爱鸟兽鱼虫等。这往往同某种专业特长、专门知识和生活情趣相关。这种动机是建立在消费者对商品的客观认识基础上的，是经过分析之后产生的购买动机。因此，这种动机的购买行为比较理智，指向也比较集中和稳定，且具有经常性和持续性的特点。有些消费者宁愿省吃俭用，省下钱来买自己的嗜好物品。

10. 安全心理动机

这种动机倾向的核心是要求消费品或劳务的消费不会给自己的生命和身心健康带来危害。这种动机在消费者对药品、食品、家用电器等用品的选择上表现得更为突出。

11. 自尊心理动机

人都有一种自尊心，都期望自己的消费行为能得到社会的承认和其他消费者的尊重。这种心理动机表现在具体消费行为中，就是消费者尽量使自己的消费行为不被别人看不起，不失体面，从而使自己的自尊得到满足。但是，凡事都有一定的“度”，自尊心太强，就会成为虚荣心，不健康的消费方式，可能会导致消费者的经济危机甚至影响消费者正常的生活。

三、互联网时代的消费心理与行为

（一）心理因素对网络消费者行为的影响

1. 网络消费者心理活动的情绪过程

在接收网络营销信息和购买商品时，网络消费者会受到生理性需要和社会性需要的支配，引起不同的内心变化和外部反应，并对商品构成各有特点的情绪色彩。根据是否满足其消费需要，或产生愉快、喜爱等积极态度，或产生愤怒、烦闷等消极态度。这种对待客观现实是否符合自己需要而产生的态度的体验，就是网络消费者心理活动的情绪过程。情绪过程是网络消费者心理活动的一种特殊反映形式，对是否接受网络营销信息，是否采取购买行动有着重要的影响。

普通消费者的情绪往往通过神态、表情、语气和行为等表现出来，形式可能多种多样，表现程度也有明显的差异。对网络消费者而言，更多表现在心理情绪上，总的来看，可分成积极的、消极的和双重的三大类。

在网络购买过程中，网络消费者情绪的产生和变化，要受到购物网站的网页设计、网络购物环节、商品、个人情绪和社会情感等因素的影响。这些也会表现在接收网络销售信息的过程中。网络消费者对网络销售信息的接受，是积极的，还是厌恶的，还是无所谓的，也会受到这些因素的影响。比如，在一个舒适的上网环境中，会比恶劣的环境中接触信息的心情畅快；表现形式新颖、形象优美的网络广告作品，会更使人赏心悦目；适度的网络销售信息传递会使人得到一种满足，而那种地毯式轰炸、没完没了的灌输，就会令人闻而生厌，产生腻烦。因此，也要注意网络消费者的情绪过程，力争网络营销信息传播在愉悦的过程中进行，对网络消费者产生积极的影响。

2. 心理活动的意志过程

网络消费者的意志过程，是在购买过程中表现出有目的地、自觉地支配和调节自己的行动，努力克服各种障碍，从而实现既定购买目的的心理活动。它对网络消费者购买过程中的行动阶段和体验阶段有着较大的影响。

消费者的意志过程有以下两个基本的特征。

（1）有明确的购买目的

网络消费者为了满足自己的需要，总是经过思考，明确购买的目的，再有意识、有计划地按照购买目的去支配和调节购买行动。网络消费者这种意志与目的性的联系，集中体现了人的心理活动的自觉能动性。

（2）是排除干扰、完服困难的过程

实现既定的目的，实际上是一个复杂的过程。网络消费者在从拟定网络购买计划到实施网络购买计划之间，需要一定的意志行动，排除和克服各种各样的内部的及外部的干扰和阻碍，把决定购买转化为实行购买。意志一方面可以人为推动达到既定目的所必需的情绪和行动，另一方面可以制止与预定目的相矛盾的情绪和行动。通过这两个方面的作用，使人能够克服各种障碍和困难，实现既定目的。

3. 网络消费者的社会心理特征

研究表明，个人在群体行为过程中，往往会失去个人应当具有的或者个人情境下具有的个人的本性，在群体心理过程压力下，个人会做出个人情境下一般不会采取的行动，这就是失个性化。应该说，失个性化并不是人的积极心理现象，也不是人的全部群体心理过程。但是，网络消费者在接受网络信息传播时，会明显地产生失个性化现象，受到群体心理过程的影响。而在群体情境下接受网络营销信息就有其特有的规律和现象，主要有相互模仿、相互感染、社会性遵从等。

（1）模仿

模仿是社会心理学的一个重要方面，许多社会性行为都是模仿性的，模仿行为具有普遍性。从个人发展角度看，儿童幼小时模仿他们的长辈，青少年时模仿他们所能接触的其他人。国外有句格言："模仿是最真挚的奉承形式。"即反映了这种现象。而从市场的商品销售、广告传播来看，在繁华街头设摊售货、设置广告，会招致人们的注意。这种群体行为是自发产生的，往往依赖于参与者的相互刺激。这种相互刺激首先就是模仿。大众传媒广告就可利用模仿的社会心理特征，进行促销活动。比如，新产品上市，即大量列举用户销售的情况，说明商品或劳务被消费的情景，刺激人们模仿，加入消费者、使用者的行列。

（2）感染

感染是一种群众性的模仿，即把感情或者行为从人群中的一个参加者蔓延到另一个参加者，是群体行为赖以存在、发展的另一种刺激。感染有情绪感染和行为感染两种。

（3）遵从

人们生活在社会、群体中，无论是否有个人主见，其主观是否有一定程度的正确性，终究要服从群体。个人与他人或群体意见、观念和态度之间寻求一致性的倾向，就是遵从。由这种倾向性导致的行为，就是遵从行为。这是影响、决定人们行为的更为深刻的社会心理现象。

遵从产生的原因主要是由于人受到信息和规范方面的压力。因为在现实生活中，有关客观世界的许多信息，甚至包括我们自身的信息，也都来自别人。如旅行迷了路，要询问别人；不会使用电脑，也要学习请教。另外，人们总有一种遵从规范、同化于群体的内在倾向，这就是规范压力。

（4）角色

人在社会或群体中，最终都要固定或相对稳定在一个角色上，扮演一个角色。角色是人们期待某一特定社会位置上的个人所具有的一种行为模式。从个人的角度看，它是人所处的一种地位及由此决定的态度与行为的复合体。对于群体心理过程来说，角色既是一种心理现象，也是社会群体心理分析过程的一个阶段。角色是系统而稳定的影响广告传播的一个重要因素。

我国也正处在重要的社会转型期，不同的年龄、职业，不同的社会层次，构成了多种比较复杂的消费群体。我国网络消费者除具有人类共有的一些心理特征外，还受到我国社会文化等因素的影响，形成一些特有的心理特征，也应该认真分析，力争适应我国网络消费者的心理需要，以达到预期的网络营销效果。

（二）网络环境下消费者行为的影响因素

1. 产品因素

（1）产品特性

网上市场不同于传统市场。根据网上消费者的特征，网上销售的产品首先要考虑产品的新颖性，因为网上消费者以青年人为主，他们追求商品的时尚和新颖；其次要考虑产品购买的参与程度，对消费者要求参与的程度比较高且要求消费者现场购物体验的产品，一般不宜在网上销售，但这类产品可以采用网络营销推广的功能，扩大产品的宣传，辅助传统营销活动。

（2）产品的价格

从消费者的角度讲，价格不是决定消费者购买的唯一因素，却是消费者在购买商品时肯定要考虑的因素，而且是一个非常重要的因素。当今市场是一个不完全竞争的市场，这个市场最明显的特征就是完全垄断、寡头垄断、垄断竞争和自由竞争并存，决定商品价格的主要是企业，尤其是那些具有垄断性质的大企业。互联网的出现为建立一个完善的市场机制创造了条件，互联网上的信息具有透明性、完全性和平等性等特点，网上营销的价格对于互联网用户而言是完全公开的，价格的制定要受到同行业、同类产品价格的约束，从而制约了企业通过价格来获得高额垄断利润的可能，使消费者的选择权大大提高，交易过程更加直接。现在，越来越多的企业或通过电子邮件进行议价或在自己的网站上设立“价格讨论区”，或在网上通过智能化议价系统直接议价或通过其他平台进行竞价、拍卖等。

网络市场与传统营销市场相比，能够减少营销活动中的中间费用和一些额外的信息费用，可以降低产品的成本和销售费用，这正是互联网商业应用的巨大潜力所在。

（3）购物的便捷性

方便快捷的购物方式也是消费者购物时要考虑的因素之一，消费者选择网上购物的便捷性主要体现在以下两个方面。

一是时间上的便捷性。网上虚拟市场全天候提供销售服务，随时准备接待顾客，而不受任何限制。

二是商品挑选范围的便捷性。消费者可以足不出户就在很大的范围内选择商品，对于个体消费者来说，购物可以“货比多家”“精心挑选”；对单位采购进货人员来说，其进货渠道和视野也不会再局限于少数几个定时、定点的订货会议或者几个固定的供应厂家，而是会大范围地选择品质最好、价格最便宜、最实用的产品，这是传统购物方式难以做到的。

影响消费者进行网络购物的另一个重要因素就是本章节一直强调的安全性和可靠性问题。对于现阶段的网络营销来说，很多问题归根结底还是安全问题。对网上购物的各个环节，都必须加强安全和控制措施，保护消费者购物过程的信息传递安全和个人隐私，以树立消费者对网站的信心。网络购物与传统营销购物不同，在网上消费一般需要先付款后送货，这种购物方式就更决定了网络购物安全性、可靠性的重要。

2. 收入影响因素

市场营销的经济环境主要是指企业市场营销活动所面临的外部社会经济条件。具体来说，主要是指社会购买力。通常情况下，影响购买力水平的因素有以下两个方面。

（1）消费者收入

消费者收入主要是指消费者的实际收入。因为实际收入与名义收入并不是完全一致的，决定其购买的主要是实际收入。营销人员应注意实际收入的变动趋势。

（2）消费者支出

消费者支出主要是指支出结构或需要结构的变化对市场营销的影响。消费者支出主要取决于消费者的收入水平，而这种收入水平又具体表现在可支配的个人收入与可随意支配的个人收入两个方面。

3. 社会影响因素

社会因素指消费者周围的人对他所产生的影响，其中以参照群体、家庭及角色地位最为重要。参照群体是影响一个人态度、意见和价值观的所有团体，可分为两类：成员团体——自己身为成员之一的团体，如家庭、同事、同业工会等；理想团体——自己虽非成员，但愿意归属的团体，如知名运动员、影视明星等，对消费者行为相当有影响力。

第二节　线上线下消费融合发展

当代社会，互联网极速发展，几乎所有可以在线下实体商品购买到的商品都可以在互联网上进行消费，甚至是教育、娱乐等活动也可以在网上进行，最明显的例子是 2020 年疫情期间，全国中小学、高校几乎都做到了停课不停学，学生们使用手机、电脑等电子产品在家也能继续学习；而停班的工作人员也可以在家进行娱乐活动并分享在互联网上。然而，由于隔离的原因，全国外送服务停止运作，人们在食物方面不得不自行出门购买，这一举措，带动了许多小本经营的“菜市场经济”。综上，在互联网发展如此迅猛的今天，我们完全可以在发展互联网经济的同时，带动线下实体经济发展，达到经济的均衡稳定发展；但单一的线上电子商务模式也不足以撑起整个实体经济从线下到线上的机械位移，所以，以 O2O 为代表的立体商业模式发展势头正盛。

一、线上线下融合发展——O2O 模式

（一）实体经济和信息网络经济定义

1. 信息网络经济

信息网络经济是以信息技术为手段，基于信息网络尤其是互联网所产生的经济活动的总和。信息网络经济分为两个部分：一是支撑信息网络经济的基础设施（信息技术产业）；二是信息技术对传统产业的渗透和改造所产生的互联网上的一系列经济活动，包括电子商务、网络金融、商品制造的信息化、各种

生活性服务活动及生产性服务活动的信息化。信息网络经济以信息为基础，以互联网为依托，以信息技术为支撑。信息网络经济是一种新经济形态。

2. 实体经济

实体经济概念较为统一，不仅包括物质生产和服务，如农业、工业、交通通信业、商业服务业、建筑业等，还包括精神生产和服务的经济活动，如教育、文化、知识、信息、艺术、体育等精神产品的生产和服务。

在对二者概念界定后，可以发现二者之间是有明确的区别的，但是也有一定的联系。信息网络经济是相对于传统农业、工业经济的一种新的经济形态，它是实体经济，但也包括了计算机网络虚拟技术所支撑的虚拟经济的部分。信息网络经济是在传统经济的基础上发展起来的。信息网络技术既可以服务实体经济，实体经济也可以服务于信息网络经济①。

（二）现状分析和面临问题

1. 现状分析

以传统实体店和工厂制造为代表的传统大工厂思维和离散商业模式已经在互联网商业模式的浪潮中逐渐消亡，同时单一的线上电子商务模式也不足以撑起整个实体经济从线下完全转型至线上发展，而目前以 O2O 为代表的立体商业模式风头正盛，将强势席卷整个经济市场。相对于实体经济和虚拟经济各自单一空间上的商业模式而言，O2O 连接了线上虚拟经济和线下实体经济，是连接虚拟和现实的基础商业模式。

2. 实体经济和传统电商经济的困境

（1）实体经济的困境

传统市场经济以实体经济为核心，实体经济的主流商业模式主要有两种，分别为自营模式和代理模式，自营模式的致命缺点是对员工的素质要求高、培训和管理难度大、资金成本高、人力资源成本大、设施豪华、装修昂贵，因而固定成本高，包含采购和物流等配送费用，商场开支费用大。另外，由于线下业务的交易周期长，整个回款流程也相对缓慢。代理模式的缺点也显而易见，代理模式因自身因素导致代理者本身获得的利润有限，由于代理厂家的产品也不能直接和厂家深入接触，因此对形成自己的培训和管理团队有一定的阻力。另外，传统实体店的缺点在于受地域的限制，无法实现大规模的产品和品牌的

① 周子学. 信息网络经济下实体经济和虚拟经济的均衡发展研究 [J]. 产业经济评论，2014(03):11-17.

宣传推广。实体经济因为地面因素和区域因素的限制，更由于商业模式的陈旧不堪，步履维艰，商业模式的探索和创新势在必行。

（2）大工厂商业模式寸步难行

传统制造业工厂的大工厂商业模式受到层出不穷的互联网创新商业模式的冲击而渐趋萧索，大工厂商业模式最大的特点就是“大工厂思维”气息浓厚，“大工厂思维”的六大核心关键词是成本、订单、生产、品质、利润、价格，以“成本＋利润”来评估是否可以接订单，以“生产＋品质”来满足客户的要求，以优于竞争对手的“价格＋品质”来获得回头客。这种完全公式化的商业模式在体验经济和分享经济席卷的互联网时代已经渐失魅力，传统制造业时代的企业着眼于在工厂制造这个环节达到成本最低、利润最高，在销售环节力求获得最大的差额利润，而在服务环节又简单粗糙，企业更注重的是眼前的短期利益，却忽视了长远发展，企业的整体营收每况愈下，使得企业的发展愈来愈寸步难行。

3.O2O 的立体解决方案

O2O 是一种线上和线下一体化的立体商业解决方案，集合线上和线下各类营销方案为一体，区别于传统的 B2C、B2B、C2C 等单一电子商务模式，在线上支付商品和服务，再到线下去接收商品或者享受服务，从而把线上的消费者带到现实的实体店中去。通过打折、提供信息、服务等方式，把线下商店的消息推送给互联网用户，从而将他们转换为自己的线下客户，这样线下服务就可以利用线上来揽客，从而达成在线交易和结算。

（1）线下夯实“经济基础”

O2O 以实体经济为基础，通过线下扎实的实体场景布置、店面定位宣传、人员培训和管理、活动策划执行等打造了一个实实在在的、用户可感可知的线下商场，从而凸显出线下实体经济的优势，用户可以亲身选择自己所需的商品，对于商品也便于近距离接触和感知，可以检验和试用商品，解决了用户的体验痛点，有助于考验商品质量和使用体验。整个购买和服务流程一目了然，更加开放化和透明化，明码标价的售后服务也为用户的后顾之忧加上了一把安全锁。

整个线下实体经济以实体商场为载体，以实体产品为主体，以优质服务为依托，给用户带来了优质的产品和服务，夯实了商业经济的基础。

（2）线上搭建“上层建筑”

实体经济是商业经济的基础，虚拟经济是实体经济的拓展和延伸，虚拟经济是实体经济的翅膀，实体经济想要腾飞，虚拟经济这双翅膀必须孔武有力。

线上的优势显而易见，线上经济最大程度地节省实体资源，缩减时间、空间及资金的成本，并结合线下充实“经济基础”推动线下实体经济的蓬勃发展；跨时空的信息传递和商业科技为传统企业的腾飞带来了革命性的飞跃，强大的轻量级线上商业运作模式依靠互联网的虚拟空间和互联网凝聚力量，解决了实体经济的各种成本付出问题，更解决了实体经济庞大的管理体系和运作问题，实体经济借助互联网的力量便于快速搭建起一座富丽堂皇的“上层建筑”。

（3）O2O 的闭环解决方案

实体经济构建了“经济基础”，虚拟经济构建了“上层建筑”，而且作为实体经济的延伸，构建了一个更加庞大的商业经济圈，而这中间的结合点便是 O2O 这种商业模式，O2O 结合线下优质的分享体验和线上庞大的营销体系，将两者合二为一，构成了一个丰富、坚实、庞大的生态闭环。

O2O 解决了消费者和商家在实体经济和虚拟经济中的各种障碍，真正实现了互联网交易的闭环，成为当下商业经济的主流模式。

（三）B2C 电商渐失生机，C2B 电商所向披靡

由于用户购物体验和自身个性需求的提升，传统的 B2C 电商仅仅解决了用户的物质需求，并没有解决用户的体验和个性需求问题，于是用户和商家的角色发生对调，用户参与产品制造和体验的商业时代到来了，这就是 C2B 电商模式。

1.B2C 电商的瓶颈

（1）购物体验缺失

传统的 B2C 电商所有的服务和购物体验决定于商家，先有企业生产再有购物需求，整个交易的主导权在于商家，整个流程中，用户不能够享受到足够优质的购物体验，服务权也掌握在商家的手中，整个购物流程中的体验和服务受到限制。

（2）无法满足用户需求

B2C 电商模式是企业生产商品，整个产品的生产、制造、设计流程一并由企业来完成，企业为了追求利润，一心跟风市场动向，却忽视了用户内心真正的需求和让客户满意的购物服务。商家无法通过一定的途径去了解用户真正需要什么样的产品，不能真正了解用户的心理。

整个产品供应链和渠道链透明性不足，用户无法了解到产品的整个生产流程如何，产品输出渠道怎样，无法从商家那里获得自己真正所需的产品和服务。

（3）定价偏离产品本身

B2C 电商模式中商家自成一体的生产、设计、包装等整个流程及市场的导向作用，使得整个商品的价格和本身的定位出现差距。市场的产品定价随着市场的杠杆作用来调节，而并不能真正从产品本身出发，去衡量产品的价值，企业往往是最大幅度追求利润，所以 B2C 商业模式中，产品的定价并不由产品本身的价值来决定，产品定价大多数情况下是偏离产品本身的。

B2C 电商所有的产品生产权和服务权都牢牢掌控在商家的手里，用户如同局外人，对商品的生产和定价完全没有自主权，这种商业模式在用户自身需求和体验日益膨胀的互联网时代已经逐渐失去竞争力。

2.C2B 电商的解决之路

C2B 电商模式改变了原有生产者和消费者的关系，由消费者贡献价值，企业和机构消费价值同 B2C 电商模式恰恰相反。C2B 先有消费者需求产生而后有企业生产，消费者根据自身需求定制产品和价格，或主动参与产品设计、生产和定价，产品、价格等彰显消费者的个性化需求，生产企业进行定制化生产。C2B 电商模式以用户为中心，极大地提升了用户在整个交易流程中的自主权。

（1）引爆社群的参与感

C2B 电商模式的核心是以用户为中心，企业组建自己的用户社群，用户自主参与产品的体验、测试过程，从自身角度提出对产品的需求和自身所需体验。整个改进、包装及宣传过程，用户是主角，贯穿整个流程的始终。

社群是 C2B 电商的基本组织形式，社群的威力在于强大的聚合力和感召力，高度活跃性和参与性构成了引爆社群的基本条件，相同价值观的用户构成的粉丝社群出于对同一款产品的好奇和喜爱，对产品改进和完善，自始至终参与整个流程，形成产品的忠实粉丝，无形中增强了产品在用户心中的口碑。企业跟进产品的完善和升级，促进产品一步化成型。

（2）平等公正的消费者定价

相同生产厂家的相同型号的产品无论通过什么终端渠道购买，价格都一样，也就是全国统一价，渠道不掌握定价权。所有产品由用户统一定价，由于用户参与了产品的改进、测试、体验过程，产品价格构成合理，所以产品的定价与大多数用户的期望相一致，合情合理，公平公正。

（3）透明的渠道和供应链

C2B 电商模式是一个全方位开放透明的商业模式，除产品的制造和体验等开放给用户外，整个产品的供应链和销售渠道也是透明的，甚至整个生产过程都透明开放，保障了产品的质量、用户体验和用户权益。由于用户参与整个产品制造流程的测试和体验，对产品链的输出渠道和供应链清晰明了，对产品的质量和安全也更加清楚明白，会更加珍惜这个产品品牌，实现品牌口碑传递的同时，对品牌的认知度和信任度更加深刻，从而口碑和营销效应不断放大，间接地增强了品牌的影响力。

（四）上门经济变风口

1. 上门经济改造传统服务业

在碎片化的移动互联网时代，上门经济成为新宠，形成了一定程度的品牌集中度，降低了人们的服务辨识成本，同时引入了服务质量的评价和保障机制，降低了用户选择服务的风险，优势重重，而且网站、APP 等互联网工具的出现和应用，大幅度降低了买卖双方彼此寻找和发现服务的成本。

2.B2N: 小区的最后一公里

线上经济的迅猛发展让物流成为急需突破的瓶颈，送货不及时，物流费用过高，网购的商品价格低于物流费用时有发生。B2N 商业模式将极大减小物流压力，提高物流服务品质，让商品在物流环节中更安全。

B2N 商业模式实现了商家与用户的面对面交流，为用户提供了更加优质的服务；扩大了网购范围，小到一包纸，大到家具家电，都实现了网购；降低了物流费用和物流风险，提高了货到付款的成交率，降低了商家风险。

商家在各小区聘有小区代理，负责业务宣传，负责接收打包发送的货物，负责为客户送货上门，负责收款等，小区代理的出现能够在很大程度上促进客户与网站的关系，提高成交率，使货到付款更加便捷、安全。

3. O2O2F: 智慧家庭的直达号

O2O2F，是一种线上、线下、家庭三位合一的全新互联网电子商务模式，应用“互联网智能裂变技术系统”，在社区建立社区信息消费服务中心，以信息消费为主体，打造 ZBB—智慧商圈。

O2O2F 融合线上线下，直达家庭，以线上营销带动线下消费的方式服务于社区家庭。以社区为单位，集合订单、集中物流，有效压缩商品流通的中间环节，降低物价，提高居民购买力，并以信息化、智能化为主导，打造一个集社交、娱乐、消费、生活、商务为一体的家庭生态商业圈。

O2O2F 开启了家庭互联网新模式，必将改造传统家庭的机械商业模式，以互联网新载体为支点，切中家庭需求的痛点，实现服务业到家庭的全面直达，成为现代智慧家庭的“直达号”。

（五）制造营销衰落，激发营销风靡

1. 制造营销陷困局

自从有了互联网，传统企业便生了一双飞天的翅膀，人为制造的事件成为企业一鸣惊人的驱动器，让企业一夜之间声名大震，这便是事件营销。事件营销由于借助了互联网的无缝连接和急速扩张，成为企业一夜爆红的新大陆。然而，由于事件营销这起"事件"并不是自发于互联网，是由于人为制造，也称为制造营销，其劣势显而易见。

（1）需充足的资源做铺垫

想要制造一起事件营销，现有资源必不可少，一支精通这一领域或者品牌的骁勇善战的精锐师团，在业内有一定影响力的丰富的社交媒体资源，可支撑这一起品牌策划事件的可控资本的支持等。

（2）前期细致缜密的集中策划

事件营销从整个事件策划的开始到结束，都需要在事件营销的前期进行充分缜密的集中策划。

此期间需要整个团队对行业进行深入的市场调研，对整个策划事件进行差异分析、策划卖点等的预测和判断，团队的设备配置和成员分配，策划过程的运行和把控，以及最终的结果转化率的分析，都要有清晰的预见性和前瞻性。

（3）集团作战，协同运作

整个策划事件的运行过程需要队员之间的信任、默契，整个策划团队同心协力通过网络社交媒体层层转载与分享，进行初期、中期、后期的炒作和发酵等集体作战，以最大化提高策划事件的关注度和曝光率，达到预期的营销效果。

2. 激发营销横扫互联网

移动互联网出现以后，载体碎片化层出不穷，信息加速碎片化，制造营销的无缝连接已经不复存在，同时高昂的人力和资金成本及协同运营成本在如今的碎片化时代已经水土不适，信息被动传播模式已渐近消亡。移动互联网时代，以触发脑神经和让心灵产生共振的激发营销已经渐渐席卷互联网，激发营销是在碎片化的移动互联网时代触动人心灵和脑神经的信息、图片或者视频等媒介信息，通过一部分人的分享、传播在互联网媒体不断发酵，引起大多数人的心灵共鸣和激烈讨论，进而在互联网产生爆炸性影响的一种自发营销行为。

（1）激发营销的秘密

场景正在撬动一场新的营销革命，这场革命是互联网发展使然，不同于以往任何形式的制造营销或者被动营销，一切的营销都是自发的，当营销的触发

点出现时，一场自然的营销就出现了，这个过程即激发营销。在特定的场景下，消费者会不约而同地自发消费，分享消费体验，这也是B2S分享式或者体验式营销。在互联网形成的场景下，任何形式的触发点都可能引起一场自发营销，形成新一轮的营销革命。

激发场景营销的触发点就像引燃营销行为的导火索，当场景具备的时候，这个触发点随时可能首先引发营销行为，进而引爆互联网。一点触发营销行为是场景时代习以为常的营销模式，在移动互联网时代的场景下，一个触发点就决定了一次营销行为的成功。所以，激发营销的秘密是场景和触发点。

（2）激发营销的特点

场景时代的激发营销的革命性在于营销行为是自发引爆的，一个出发点能够在特定的场景下引起消费者无意识的传播、消费，这是场景时代之前的机械营销时代所无法企及的，机械营销时代是制造营销，而场景时代是自发营销。

激发营销的玄机更在于营销是无形的，营销于无形是场景时代自发营销的本质特征，也是营销的至高境界，这种营销体验无疑是天衣无缝的，在场景营销行为下，一个触发点就决定了所有用户的痛点和体验[①]。

二、现代商业模式O2O的改革与创新

（一）大数据之于O2O

O2O虽然在近年来发展势头强盛，但也在不断变换新的策略。有平台战略如阿里的手机淘宝，有线下实体合作、平台推进如京东……但众多玩法始终在强调流量、人口、价值，大大忽略了数据的价值。如果缺失了大数据分析，就谈不上是真正的O2O了。

对于传统企业而言，线上和线下数据分别掌握在不同部门或者不同公司手里。电商部门的数据基本都交给阿里、京东等平台，电商部门基本只是掌握了用户的订单等简单信息，而这些又实在谈不上是数据。电商平台经过云计算，以数据魔方及生意经等产品反卖给店主，随着用户和产品的品类不断增多，电商平台数据的可靠性就越来越强。电商平台也在不断打通用户的全平台数据，通过用户在不同店铺的消费习惯金额基本就可判断用户的消费能力和消费类型（保守、冲动等）。而这些研判也为电商公司的营销提供了非常精准的数据支持。线下数据基本是掌握在线下销售部门及一些线下调查公司手里，以调查问卷等形式实现的。

---

① 倪卫涛．互联网＋风口：实体经济和虚拟经济深度交锋[M]．北京：九州出版社，2016：23．

表面上看，线上数据为企业电商部门提供了非常好的营销支持，而线下又在指导商家的线下开店、线下促销等方面提供理论支持。但实际上，线上线下数据各自为战，数据的很多潜力无法挖掘。例如，如果线上购买转化成线下的消费人群，就无法监控，追踪一半的用户会突然失踪，会出现数据断层。反之，线下用户突然去线上消费，而系统依然会记录为线上新用户。如此这般，当线下数据与线上数据不匹配，此时是难免要失真的。

O2O 的出现则能够有效整合线上和线下的双平台数据。O2O 本质上讲就是线上与线下的二合一，打破以往线上线下的绝对界限。在 O2O 世界中已经不存在绝对的线上及线下。因此，O2O 要实现真正的整合，数据是第一位的。

（二）O2O 的数据化运营

1. 数据化运营是现代企业竞争白热化、商业环境变成以消费者为主、“买方市场”等一系列竞争因素所呼唤的管理革命和技术革命

中国有句古语：“穷则思变。”当传统的营销手段、经营方法已经被同行普遍采用，当常规的营销技术、运营方法很难明显提升企业的运营效率时，竞争必然呼唤革命性的改变去设法提升企业的运营效率，从而提升企业的市场竞争力。时势造英雄，生逢其时的“数据化运营”恰如及时雨，登上了大数据时代企业运营的大舞台，在互联网运营的舞台上尤为光彩夺目。

2. 数据化运营是飞速发展的数据挖掘技术、数据存储技术等诸多先进数据技术直接推动的结果

数据技术的飞速发展，使得大数据的存储、分析挖掘变得成熟、可靠，成熟的挖掘算法和技术给了现代企业足够的底气去尝试海量数据的分析、挖掘、提炼、应用。有了数据分析、数据挖掘的强有力支持，企业的运营不再盲目，可以真正做到运营流程自始至终都心中有数、有的放矢。比如，在传统行业的市场营销活动中，有一个无解又无奈的问题：“我知道广告费浪费了一半，但是我不知道到底是哪一半”。这里的无奈其实反映的恰好就是传统行业粗放型营销的缺点：无法真正细分受众，无法科学监控营销各环节，无法准确预测营销效果。但是，在大数据时代的互联网行业，这种无奈已经可以有效降低，乃至避免，原因在于通过数据挖掘分析，广告主可以精细划分出正确的目标受众，可以及时（甚至实时）监控广告投放环节的流失量，可以针对相应的环节采取优化、提升措施，可以建立预测模型以准确预测广告效果。

3. 数据化运营是互联网企业得天独厚的“神器”

互联网行业与生俱来的特点就是大数据，而信息时代最大的财富也正是海

量的大数据。阿里巴巴创始人马云曾经多次宣称，阿里巴巴集团最大的财富和今后核心竞争力的源泉，正是阿里巴巴集团（包括淘宝、支付宝、阿里巴巴等所属企业）已经产生的和今后继续积累的海量的买卖双方的交易数据、支付数据、互动数据、行为数据等。

（三）O2O 怎么数据化运营

对于 O2O 企业而言，运营的数据存在于线上和线下，所以数据采集的闭环形成很重要。线上运营数据是存放在运营者手里的，因此对这些重要的数据有自由的控制力和访问权，线下的运营数据如何掌握，采用类似电子标签和电子凭证的采集手段很重要。对于线上数据，可以通过日志、数据库等多种数据综合分析；对于线下数据，也可以记录界面点击、功能操作的日志并通过某种方式将记录结果统一收集、整理。

对于 O2O 这样面向用户的企业来说，就是以用户和业务为核心，对用户的相关维度进行数据挖掘，构建用户和业务的属性和特征库，服务业务需求，在具体实施过程中，还需要重点考虑以下问题。

1. 以用户和业务为核心，以思路为重点，以数据挖掘技术为辅助

企业使用大数据的目的是解决问题，也就是为企业赢得利润。企业获利的方法与企业的商业模式密切相关。在这个过程中，大数据技术只是一个手段，是帮助企业解决业务问题的。所以说，在大数据技术选型和架构的时候，一定要搞清楚自己的商业模式，不能别人用什么架构就跟着用，别人挖掘什么就跟风挖掘。

2. 小步快跑，快速迭代，持续优化

大数据的思想就是把现实世界中的现象用数学的形式表示出来，分析和挖掘这些现象之间的关系，并且能够定位到哪些群体具备哪些特征，哪些特征会影响企业的盈利。因此，很多问题并没有或者需要严谨的数学证明，重点关注的应是关联关系而不是因果关系。

3. 用户的反馈很重要，要积极调动用户的参与度

传统的调动用户参与度的方式就是发优惠券或者促销券。这种方法在有些情况下是有效的，有些情况下可能需要更深入地了解用户的需求，大数据是帮助我们补充行业知识的一种重要方式。现在，越来越多的行业是数据驱动的，因此，某个行业的很多行业知识是通过大数据挖掘出来的。而获取这些数据的主要方式就是用户的行为和对运营动作反馈的挖掘，这也是未来以数据为核心的企业的价值所在。

4. 从运营驱动到数据驱动

关于谁来主导大数据服务用户这个需求，其实有很多应用场景。例如，一个推荐系统由产品经理来主导比较合适；对于一个数据化运营系统，由从事运营或者市场相关的人员来主导会比较合适。对于很多大公司来说，慢慢地会发展出专门从事数据驱动业务的部门和人员，如我们经常提到的“数据科学家”的概念。

5. 业务人员和数据挖掘人员的密切配合

这个也是大部分企业经常遇到的一个问题：做业务的不太懂技术或者数据，做数据挖掘的对业务又不是特别了解，目前社会上最缺的就是既懂业务又懂技术的。如何把数据挖掘的结果应用到业务中，是个比较难的问题，我们常说没有数据是无价值的，只是要找到它发挥价值的地方。因为数据挖掘的结果往往表现出的是用户在某一方面的属性或者特征，那么，在实际业务中，用户的行为往往受到多个因素的影响，所以在把数据挖掘的结果推广到具体的业务过程中要和业务方密切合作，找到合适的促销方式、展位、文案、刺激手段、效果评估方法等。

大数据的范畴内我们应该把用户还原成一个人，而不能割裂地看他的某些行为，要把这些行为和他的社会学属性、生活背景、活动时间、地点、气候因素等联系起来。目前的大数据生态系统还没有一个很好的商业智能工具，这给对应的分析师或者挖掘工程师带来了很大的难度。

6. 与客户的沟通方式（运营手段）很重要

现代社会大家都很忙碌，像过去那种通过呼叫中心给用户打电话推销的方式效果越来越差，因为用户很忙碌的时候是不希望被打扰的。那么，异步通信的需求就比较强烈，典型的应用就是微信，人们可以很好地利用碎片时间，对于企业营销来说也是非常好的通道。同样，对于企业给用户的各种促销或者运营手段的时机也会比较重要，而且不同兴趣偏好的用户的浏览和购买时间最好要区别对待。

同时，运营活动设计的巧妙程度、文案和展位的设计可能会比大数据技术发挥更重要的作用。比如，某公司的推荐系统在模型完全没有改变的情况下只更改了展位的位置，导致最后的下单率有明显的提升。

第三节 互联网经济监管模式

本书在讲述消费经济发展的同时，一直在强调消费安全问题，本节讲述互联网下的消费具有哪些问题，需要何种措施加以管控。

一、电子商务安全问题

（一）电子商务面临的安全问题

1. 信息泄漏

信息泄漏在电子商务中表现为商业机密的泄漏，指交易双方进行交易的内容被第三方窃取，或者交易一方提供给另一方使用的文件被第三方非法使用。

2. 信息的篡改

信息的篡改在电子商务中表现为商业信息的真实性和完整性的问题。篡改，即改变信息流的次序或更改信息的内容，如购买商品的出货地址；删除，即消除某个消息或消息的某些部分；插入，即在消息中插入一些信息，让接收方读不懂或接收错误的信息。

3. 信息假冒

当攻击者掌握了网络信息数据规律或解密了商务信息以后，可以假冒合法用户或发送信息来欺骗其他用户，其主要有两种形式。一是伪造电子邮件，虚开网站和商店，给用户发电子邮件，收订货单；伪造大量用户，发送电子邮件，耗尽商家资源，使合法用户不能正常访问网络资源，使有严格时间要求的服务不能及时得到响应；窃取商家的商品信息和用户信用等。另一种为假冒他人身份，如冒充领导发布命令调阅文件；冒充他人消费、栽赃。

4. 交易抵赖

关于交易抵赖体现在以下几个方面，即发信者事后否认曾经发送过某条信息或内容；收信者事后否认曾经收到过某条消息或内容；购买者做了订货却不承认；商家卖出的商品因价格差而不承认原有的交易。

5. 病毒问题

随着互联网技术的发展，各种新病毒及其变种迅速增加，许多病毒直接利用网络作为自己的传播途径，它们借助网络传播得更快，有的病毒甚至导致巨大的经济损失。

6. 黑客问题

随着各种应用工具的传播，黑客已经大众化了。黑客正在不断地走向系统化、组织化和年轻化。黑客攻击所使用的方法不同，产生的危害程度也不同。

（二）电子商务的基本安全要素

电子商务的基本安全要素即电子商务的安全要求，其主要体现在以下几方面。

1. 有效性

电子商务以电子形式取代了纸张，那么如何保证电子形式的贸易信息的有效性则是开展电子商务的前提。要对网络故障、操作错误、应用程序错误、硬件故障、系统软件错误及计算机病毒所产生的潜在威胁加以控制和预防，以保证贸易数据在确定的时刻、确定的地点是有效的。

2. 机密性

电子商务作为贸易的一种手段，其信息直接代表着个人、企业或国家的商业机密，要预防非法的信息存取和信息在传输过程中被非法窃取。

3. 完整性

贸易各方面总的完整性将影响到贸易各方的交易和经营策略，保持贸易各方信息的完整性是电子商务应用的基础。完整性一般可通过提取信息的数据摘要方式来获得。

4. 不可抵赖性

要在交易信息的传输过程中，为参与交易的个人、企业或国家提供可靠的标识。不可抵赖性可通过对发送的消息进行数字签名来获取。

5. 认证性

由于网络电子商务交易系统的特殊性，企业或个人的交易通常都是在虚拟的网络环境中进行，所以对个人或企业实体进行身份性确认成了电子商务中十分重要的一环。一般都通过证书机构 CA 和数字证书来实现。

（三）电子商务安全的内容

电子商务的一个重要技术特征是利用 IT 技术来传输和处理商业信息。因此，电子商务安全从整体上可分为两大部分，即计算机网络安全和商务交易安全。

计算机网络安全的内容包括计算机网络设备安全、计算机网络系统安全、数据库安全等。特征是针对计算机网络本身可能存在的安全问题，实施网络安全增强方案，以保证计算机网络自身的安全性为目标。

商务交易安全紧紧围绕传统商务在互联网上应用时产生的各种安全问题，

在计算机网络安全的基础上，如何保障电子商务过程的顺利进行，即实现电子商务的保密性、完整性、可鉴别性、不可伪造性和不可抵赖性。

计算机网络安全与商务交易安全实际上是密不可分、相辅相成、缺一不可的。电子商务安全性首先依托于法律、法规和相关的政策制定的大环境，这是基础。

（四）电商交易安全技术

1. 加密技术

加密技术是一种主动的信息安全防范措施，其原理是利用一定的加密算法，将明文转换成为无意义的密文，阻止非法用户理解原始数据，从而确保数据的保密性。明文变成密文的过程称为加密，由密文还原为明文的过程称为解密，加密和解密的规则称为密码算法。加密和解密的过程中，由加密者和解密者使用的加解密可变参数叫作密钥。

加密算法主要有对称密钥加密算法、非对称密钥加密算法和散列函数。对称密钥加密算法也称为私有密钥加密算法；非对称密钥加密算法也称为公开密钥加密算法。

（1）对称密钥加密体制

对称密钥加密是指信息的发送方和接收方用一个密钥去加密和解密数据。加密过程中将待加密数据分割成等长的若干个分组，对每个分组进行加密形成加密后的分组，再将各个分组组合成整个密文；加密过程是一个密钥控制下的复杂迭代运算；相对非对称加密法速度较快；对称密钥的最大优势是加 / 解密速度快，适合于对大数据量进行加密，但密钥管理困难。

以凯撒密码为例，其原理是对于明文的各个字母，根据它在 26 个英文字母表中的排列位置，按某个固定间隔变换字母，即得到对应的密文。这个固定间隔的数字就是加密密钥，也是解密密钥。密钥只有 26 种，只要知道了算法，最多将密钥变换 26 次做试验，即可破解密码。

DES、RC-5、IDEA 等算法均为分组加密算法，其中 DES 算法最为普及和典型。DES 是美国数据加密标准，1984 年 9 月正式成为美国数据加密标准，是迄今为止得到最广泛应用的一种算法，是最有代表性的分组加密体制。该标准数据分组长度为 64 位，密文的分组长度也是 64 位，密钥长度为 64 位，其中 8 位奇偶校验，有效密钥长度为 56 位。

（2）非对称密钥加密算法

非对称密钥加密系统需要使用一对密钥来分别完成加密和解密操作，一个公开发布，又称为公开密钥；另一个由用户自己秘密保存，称为私有密钥。信息发送者用公开密钥去加密，而信息接收者则用私有密钥去解密。公钥机制灵活，但加密和解密速度却比对称密钥加密慢得多。

非对称加密算法的关键是寻找对应的公钥和私钥，并运用某种数学方法使加密过程是一个不可逆过程，即用公钥加密的信息只能是用与该公钥配对的私有密钥才能解密。常用的算法有 RSA 算法、椭圆函数加密算法等。

RSA 公开密钥算法是 1979 年提出的，既可用于加密，又可用于数字签字，是目前仍然安全并且逐步被广泛应用的一种体制，是一种国际标准。

（3）一种组合的加密协议

应用对称加密算法、非对称加密算法及散列函数可以组成安全的加密协议，从而可以避免数据被窃听和篡改。下面假设信息的发送者和接收者分别拥有一对非对称加密密钥（公钥和私钥），各自的公钥互相知道，各自的私钥仅本人知道。

①加密过程。将待加密的明文数据通过散列函数的运算生成一个原始明文的摘要，用发送者的私钥对摘要进行非对称加密算法的加密运算，这个过程也称作数字签名的过程，生成一个摘要签字，然后随机生成会话密钥，在该会话密钥的控制下对明文进行对称加密算法的加密过程，生成密文。在接收者公钥的控制下采用非对称加密算法对会话密钥进行加密，生成加密后的会话密钥。将加密后的会话密钥、密文、明文摘要的签字合并后发送给接收者。

②解密过程。从接收到的信息中分解出加密的会话密钥、密文、明文摘要的签字。在接收者的私钥的控制下对加密后的会话密钥采用非对称加密算法的解密过程，解密出本次会话密钥。在本次的会话密钥的控制下将密文解开得到明文。对摘要的签字在发送者公钥的控制下进行 IB 对称加密算法的运算得到原始的摘要，再和已经解密出的明文计算出的摘要进行对比，如果两个摘要相同，则信息正确完整，否则信息已经被篡改过。

2. 认证技术

安全认证技术也是为了满足电子商务系统的安全性要求采取的一种常用的必需的安全技术。安全认证的主要作用是进行信息认证。其目的有两个，一是确认信息的发送者的身份；二是验证信息的完整性，即确认信息在传送或存储过程中未被篡改过。

（1）数字摘要

数字摘要也称安全 Hash（散列）编码法。该编码法采用单向 Hash 函数将需加密的明文“摘要”成一串 128bi 的密文，这串密文也称为数字指纹，它有固定的长度，且不同的明文摘要成密文，其结果是不同的，而同样的明文其摘要必定一致。这样，这串摘要便可成为验证明文是否“真身”的“指纹”了。数字摘要的应用使交易文件的完整性（不可修改性）得以保证。

（2）数字信封

数字信封是用加密技术来保证只有规定的特定收信人才能阅读信的内容。在数字信封中，信息发送方采用对称密钥来加密信息，然后将此对称密钥用接收方的公开密钥来加密（这部分称为数字信封）之后，将它和信息一起发送给接收方，接收方先用相应的私有密钥打开数字信封，得到对称密钥，然后使用对称密钥解开信息。这种技术的安全性相对高。

把 Hash 函数和公钥算法结合起来，可以在提供数据完整性的同时，保证数据的真实性。完整性保证传输的数据没有被修改，而真实性则保证是由确定的合法者产生的 Hash，而不是由其他人假冒。而把这两种机制结合起来就可以产生所谓的数字签名。

二、运用大数据加强市场监管

大数据是指数据量超过传统数据库软件工具捕获、存储、管理和分析能力的数据集，并具备经典的 4V 特征。2018 年 4 月 10 日，国家市场监督总局正式挂牌成立，反映出我国从“工商行政管理”向“市场监督管理”的理念转变，并全面推行“双随机、一公开”和“互联网 + 监管”。随着新一代信息技术的发展及工商登记制度改革的推进，我国市场主体快速增多、信息量爆炸式增长，运用大数据以加强市场管理是提高市场监管效率与质量的时代要求。

（一）2018 年发展现状与特点

当前，我国政府运用大数据进行市场监管的体系架构基本建立。2018 年，我国运用大数据进行市场监管呈现政策颁布主题集中、全年市场监管成果较好和重点加强信用体系建设的现状与特点。

1. 运用大数据进行市场监管的体系框架基本建立

根据《大数据标准化白皮书（2018 版）》和《进一步深化“互联网 + 政务服务”推进政务服务“一网、一门、一次”改革实施方案》的相关研究和政策框架，我国政府目前运用大数据进行市场监管的体系结构分为“基础、平台、应用”三个层次，拥有政策法规、管理机制等制度保障。基础层包括网络、计算、储备等技术支持。应用层分为两个子分层，一是数据库，包括电子证照库、人口综合库、法人综合库、公共信用库等；二是平台，包括中国政府网、国家企业信用网、信用中国、全国市场监督管理局等核心一体化平台网站。应用层包括移动端的 AP 两微（微博、微信）入口和政务大厅的人工或智能服务窗口。三个层次紧密配合，为大数据的“血液流通”提供良好的客观环境，极大地提升了市场监管效率。

2. 政策法规制定集中在三大主题

2015—2018 年，我国政府在运用大数据加强市场监管方面颁布了一系列政策，呈现由单一市场监管到总体政务协调，由纲要规划到具体规定的思路变化，总体上可以划分为三阶段。

第一阶段，2015—2016 年是政府重视大数据监管的元年，相继颁布《国务院办公厅关于运用大数据加强市场主体服务和监管的若干意见》《促进大数据发展行动纲要》《大数据产业发展规划（2015—2020 年）》等重要的纲领性文件。指出要“加快建立统一的信用信息共享交换平台，运用大数据科学制定和调整监管制度和政策”“推动有关政府部门和企事业单位将市场监管、检验检测、违法失信、企业生产经营、销售物流、投诉举报、消费维权等数据进行汇聚整合和关联分析，统一公示企业信用信息”“促进大数据在市场主体监管与服务领域应用”，还要运用大数据进行市场监管的有机构成。

第二阶段，2017 年，“政务大数据”成为高频词汇，强调要把大数据市场监管放入大数据政务的范畴中，建立联动监管机制和“一体化”的数据信息平台，这是在认知上反对“割裂式”数据监管。此阶段颁布一系列重要政策文件，如《政务信息系统整合共享实施方案》《政务信息资源目录编制指南（试行）》《加快推进落实 < 政务信息系统整合共享实施方案 > 工作方案》等政策，为一体化的政务平台建设与信息管理提供了实施标准。

第三阶段，2018 年，政府在运用大数据加强市场监管上密集推进“信用体系”建设，重点关注“公共信息资源”“政府网站”主题，进一步翔实大数据市场监管的核心内容，相继颁布《关于对统计领域严重失信企业及其有关人员开展联合惩戒的合作备忘录（修订版）》《关于对安全生产领域守信生产经营单位及其有关人员开展联合激励的合作备忘录》等多领域的联合惩戒和激励备忘录;《进一步深化“互联网 + 政务服务”推进政务服务“一网、一门、一次”改革实施方案》等政府网站工作规定；《关于印发实施 < 公共信用信息标准体系框架 > 等六项工程标准的通知》等公共信息资源应用标准的政策。

3. 运用大数据进行市场监管取得一定成效

运用大数据进行市场监管为简政放权和商事制度改革提供技术支持，促进市场主体的增加。2018 年前 11 个月，我国新设市场主体 1 939.8 万户，同比增长 11.6%，市场主体总量为 1.09 亿户；新设企业 604.2 万户，同比增长 10.1%，总体企业量为 3 434.6 万户。2018 年，我国营商环境从世界第 78 名上升至第 46 位，排名上升 32 位，商事改革 + 大数据市场监管初见成效[①]。

大数据背景下，市场监管实行的“双随机、一公开”抽查制度已基本实现。2018 年，全国市场监管部门共抽查企业 153.9 万户次，占企业总数的 5.07%；在金融等重点领域随机抽查企业 5 万次，问题企业占比 27.3%；跨部门联合“双随机”抽查 13.5 万户。

大数据背景下，企业年报和信息公示制取得良好成效。2018 年，我国大数据市场监管系统年报公示率为 91.5%，共归集公示涉企信息 6.29 亿条，多部门联合推进的“多报合一”进度良好。至 11 月底，全国经营异常名录实有市场主体 552.4 万户，严重违法失信企业名单实有 49.7 万户，企业信用大数据对市场主体信用情况披露能力增强。

4. 信用体系建设成为重点

信用从广义上是指主观诚实守信与客观偿付能力的统一；信用机制是一套完整的保障经济良性运行的社会治理机制。现代市场核心是金融市场，金融市场以信用为基础，因此信用大数据研判是市场监管的最核心手段，信用体系建设处于重要地位[②]。

大数据背景下信用体系建设主要包括三方面内容。一是法律保障：一国信用环境良好发展的基石。二是征信与评信机构：信用市场的细胞。大数据背景下，一般包括政府部门信用信息系统和民间组织、行业协会、其他第三方机构等的信用网站。三是制度建设：核心是惩戒与激励制度对市场行为的规范。

2018 年，我国政府显著加速颁布信用体系建设方面的相关政策，促进信用大数据的发展。全年，国家发改委联合多部委发布关于推进信用服务机构发展的政策文件超过 3 部；关于完善联合惩戒与联合激励制度的政策文件超过 9 部；关于信用信息管理的政策文件至少 3 部。这些文件快速补充了我国信用建设重要领域的立法空白，为我国政府运用大数据进行市场监管提供了良好的信用法律保障。

---

① 资料来源：《2018，这些市场价管大数据与你我生活息息相关》.

② 郭志光．电子商务环境下的信用机制研究 [D]. 北京：北京交通大学，2012.

2018 年，我国政府稳步推进信用制度建设。信用体系的核心制度是失信惩戒与守信激励制度。2016 年 5 月，国务院发布《关于建立完善守信联合激励和失信联合惩戒制度加快推进社会诚信建设的指导意见》，提出了失信联合惩戒和守信联合激励机制设计的主要框架，例如：激励守信行为的“绿色通道”和“容缺受理”措施，处理失信行为的联合、市场性、约束与惩戒等，但并未深入具体领域，相关措施规定比较粗略。2018 年，国家发改委协同多部门相继在乘坐火车、乘坐民用航空器、公共资源交易、社会保险、统计领域、会计领域等市场监管细分领域签订联合惩戒与激励备忘录，极大推动联合惩戒与激励制度的具体落地，并且多部门协同为“触发机制”的运行提供了良好的基础。

2018 年，我国政府加快推进信用服务机构建设，欲用市场力量带动信用市场繁荣。同年，国家发改委发布《关于充分发挥信用服务机构作用加快推进社会信用体系建设》和《关于推动开展综合信用服务机构试点工作的通知》两部重要文件，指出信用服务机构是“促进政府和市场共建共创、共享共用、互利互赢，形成社会信用体系建设强大合力”，要从引入信用记录采集、参与红黑名单认定、签署信息共享协议、协助备案等方面加强政府与市场信用服务机构的合作，并确定了首批 26 家参与综合信用服务机构试点工作的名单，包括北京宜信致诚信用管理有限公司、考拉征信服务有限公司、深圳市信联征信有限公司等多家非政府信用服务管理机构。2018 年 3 月 19 日，拥有我国第一个“个人征信牌照”的百行征信挂牌成立。信用大数据采集市场化的趋势不可阻挡。

（二）中国政府运用大数据加强市场监管的发展趋势

大数据监管市场是科技发展的必然结果。运用大数据进行市场监管具有科学化、协同一体化、社会共治未来发展特征，我们要在把握趋势的基础上，推动大数据市场监管朝着积极的方向发展。

1. 以数据驱动市场监管的智能化与科学性

政府运用大数据进行市场监管的最终技术落点是大数据分析与决策，运用大数据促进市场监管的科学化和智能化是由大数据科学的本质特点所决定的：大数据决策具备动态性、全局性和不确定性，即持续刻画事物发展情况、综合运用多维数据、用相关关系替代因果关系分析。因此，大数据决策具备因果分析更及时、准确和容错度高的特征，科学程度因而提高。

运用大数据可从三个方面促进市场监管的科学化。一是大数据市场监管促进“事前事中事后”科学监管流程的形成，即事前用大数据动态监测发现违法违规，事中用大数据分析取证并执法，事后将这一流程大数据存入数据库，市场监管链条长度得到拓展；二是大数据促进市场监管的动态化，这是基于大数据特殊处理技术而实现的，可以提高市场监管的及时性与同步性；三是大数据促进市场监管精准性与高效性，这是由大数据的大体量和分布式计算方式所决定的。

此外，大数据与云计算、人工智能等新一代信息技术联合使用，将推动市场监管的智能化发展。即以大数据为基础利用机器学习、人机交互等技术构建模型模仿、预测市场主体的各种行为参数，给出市场违规违法行为的预测，具有一定的自主性、提前性、警示性等智能化特征。

2. 以联动促进政府监管的协同化与一体化

运用大数据进行市场监管，将逐渐形成政府监管部门协同化、一体化的监管趋势。总体上看，大数据推动政府监管一体化是由政府机构改革趋势、大数据技术应用环境要求、市场监管新特点三方面共同决定的。

大数据的应用环境要求数据采集具备广泛性（涉及部门多）和高质量（重复性低）特征，数据转化传送具备标准化，这些要求增加了政府机构改革的迫切性。随着商事改革等“放管服”措施的推进，市场主体大幅增加，依靠单一的市场监管部门与数据将不能满足市场监管综合性强的特点，因而需要通过部门的一体化与协同化加大监管力度。

从政府运用大数据进行市场监管的已有成果与新出台政策可以看出这一明朗发展趋势。目前“信用中国”已与 42 个相关政府部门展开部际合作，2018 年国务院和发改委推出多部门联合惩戒和激励的政策措施，并弱化“市场监管”的字眼，主要使用“政务”等代表“一体化”的措辞表达。这些说明大数据市场监管愈发成为大数据政务监管的总体一环，强调用“一张网”的视角推动未来市场监管的重要趋势。

3. 以合作与信用体系建设逐步实现市场多元共治

社会共治的理论基础是多中心治理理论，奥斯特罗姆将多中心概括为“交叠管辖、权力分散”，意指决策中心的非单一性、相互关联性、竞争性。多中心治理不是反对权威，而是强调利用分散的决策点，提升整体决策的完备性与科学性。因此联合多方力量延长市场监管触角是提高市场监管的重要思路转变。大数据凭借其无处不生产、无处不流通的特点，为市场的多元监管、社会的多元共治提供了技术保障与倒逼动力，协同化、一体化趋势由单独的政府部门协同升级到社会多部门协同。在大数据背景下，市场多元共治的最终落脚点是信用体系建设，落脚方式是加强政府与民间的合作。信用体系建设占据着市场监管最重要的地位。这种市场多元共治强调与商业机构、非营利机构、公民等社会力量合作，将市场监管的“大网”从政府手中撒向全体社会各方。2018年，一系列联合惩戒与激励备忘录的颁布，以及信用服务机构试点工作名单的确定正是大数据市场监管“合作与共治”大趋势的有利印证。

（三）政府运用大数据加强市场监管的政策建议

面对我用大数据市场监管的发展现状与问题，我国政府应该积极从推进共享机制、加快商业合作、增强人才培养和完善法律法规等方面推动大数据市场监管的进一步发展。

1. 运用政府力量：推进大数据共享机制完善

不断推进大数据共享机制的覆盖率与完善程度是提升大数据市场监管质量的重要保障。大数据应用 1.0 是市场监管部门内部数据的共享融合；大数据应用 2.0 是政府部门之间的数据共享融合；大数据应用 3.0 是社会化的数据共享融合。当前，我国处于从强调运用大数据进行市场监管变为强调政务大数据综合概念的大数据应用 2.0 阶段，政府仍然掌握大量加密数据，数据共享程度仍然有限，数据共享机制覆盖仍然较低。因而政府应该积极建立大数据统筹部门或管理局，统筹不同的政府部门、政府与社会部门的数据共享事务，化解传统信息沟通速度慢、效率低下的问题。或效仿贵州的大数据产业先行发展模式，用产业发展倒逼共享与连接程度提升，再建立专门的综合治理部门。

2. 凝聚业界力量：加快大数据市场监管落地

加强与业界合作是提高大数据市场监管落地效率的重要手段。市场是资源配置的主要方式，也是技术转化为应用的第一实践场，因而相对于政府部门，业界力量在大数据具体的应用落地上拥有更多的经验和行动力。政府一方面要发挥自身协调资源和战略制定的优势，加强顶层设计和制度建设，另一方面要积极和企业部门合作，不断汲取新的技术手段和思路方法，推动大数据市场监管紧跟时代的发展步伐。

2018 年 10 月，工业和信息化部办公厅发布大数据产业发展试点示范项目通知，确定开展了 200 个政府与业界合作的大数据项目，涉及大数据储存管理、大数据分析挖掘、大数据安全保障、产业创新大数据应用、政务数据共享开放平台等十个方向的合作。这是我国政府尝试与业界合作发展大数据的重要一步，建议在未来增加开展专门针对大数据市场监管的业界合作，用商业力量逐步完善不同细分监管，即领域的大数据监管系统与机制。

3. 加大研究投入，增强人才吸纳计划

加大科研投入，加快人才培养与引进，是政府运用大数据提升市场监管效率的活力源泉。加大与大数据有关的科学研究是保证我国大数据安全、大数据产业根基稳固的根本举措，有助于我国在国际新一轮信息革命竞赛中取得自身独特的竞争优势。政府部门应该积极成立独立的、与高校合作、与商界合作的多层次研究机构或研究组织，梳理我国政府在大数据市场监管中的经验，探索进一步运用大数据进行市场监管的方案，积极跟进国际大数据监管领先国家的步伐，形成一批在大数据市场监管领域的专业智库，以在框架设计和政策制定方面给予更加科学的指导。此外，要注重培养和引进运用大数据进行市场监管的交叉型人才，并不断更新原有管理团队的大数据素养。具体可以分为三个方向：一是通过定期培训、专家讲座等方式，提升传统管理团队的大数据素养，提升“业务人才”的“技术水平”；二是积极引入专业的数据科学人才，切实提高监管团队的专业化水平；三是制订相关人才引进的激励计划，或者与高校的联合培养计划，为政府监管相关领域培养更加符合要求的专业型人才。

第五章　互联网消费经济发展与应用

第一节　互联网经济的崛起

一、消费心理的转变

对于实体经济来说，消费者的主要消费冲动来源于对于产品本身的吸引，如外观、材质、性能，有时可能会受到来自店堂装修或是营业员介绍的影响，但绝大部分取决于消费者自身对产品的主观情感及客观评价；然而，随着互联网的蓬勃发展，网民数量的激增，消费者大部分成了网民消费者（前几章有数据支持，在此不做赘述），而消费也大多取决于电子产品的弹窗：突然出现在眼前的华丽服饰、电梯间的日用消耗品促销视频、影视作品中间的食物外送穿插。互联网大数据通过电子产品，可以很大程度上正确推测消费者对某产品的喜爱概率，因此，网民消费者会看到自己中意的产品广告突然出现，从而产生消费。本节内容，笔者将从消费者消费心理的转变，广告对互联网经济发展的影响，网络消费影响因素等方向来叙述互联网经济模式在近几年的崛起。

（一）从店堂销售到互联网销售

1. 店堂销售与消费心理

在传统消费经济下，商家开展营销活动的重要场所是店堂，店容店貌、内部陈设及营业员服务态度，很大程度上影响着消费者的消费心理。

（1）店容店貌与消费心理

①店门类型及消费者的心理反应，具体包括以下几种。

第一，封闭型。大门只有在顾客出入时才打开，店内环境雅静。消费者的心理反应：只让少数人（购买商品的人）进去；商品高贵；有压抑感、冷漠感、距离感，不宜久留。

第二，半开型。店门入口较大，且一直打开，方便较多顾客出入。消费者的心理反应：亲近感；可以随意挑选商品；可以长时间在店内逗留。

第三，全开型。店门入口很大，对外敞开。消费者心理反应：热情开放；随意出入；毫无压力。

第四，畅通型。店门有出入口及大小过道。消费者心理反应：可以随意出入、游逛、逗留。

②招牌设计与消费心理，具体包括以下内容。

首先，招牌的设计要考虑和符合消费者的心理。一是便于记忆和传播。招牌的字数要简短、响亮、易读易记，给人以深刻的印象。二是迎合大众心理。招牌的名字和造型设计要给人以愉悦、舒适的心情，满足消费者的好奇、吉利等心理需求。三是在制作和表现上要有艺术性，增强其感染力。招牌要在构图、用料、造型、色彩等方面有艺术感染力，使消费者有愉悦、亲切等美好感受，如用名人书写，采用霓虹灯、灯箱、电子显示屏等形式表现。

其次，招牌的命名方式。一是以主营的商品命名。这种命名能满足消费者的求便心理。二是以商店经营特点命名。这种命名能满足消费者的信赖和安全心理。三是以名人、名品命名。这种命名能满足消费者的求名、求奢心理。四是以新颖、奇特的方式命名。这种命名能满足消费者的好奇心理。

③橱窗与消费心理，具体包括以下内容。

首先，橱窗对消费者心理的影响。一是唤起注意。橱窗中的人模、服装、道具、背景、灯光等元素及其组合的场景都会直接刺激和吸引行人的目光，引起行人的注意。二是激发兴趣。橱窗中的实物展示会给人以真实感，能诱导行人产生购物的冲动或体验商品的兴趣。

其次，橱窗设计的心理策略。一是精选样品，满足消费者的选购心理。选择特色商品、流行商品、新产品、有代表性的商品、应季商品等有吸引力的商品。二是塑造立体形象，给人以美的享受。例如，一个漂亮的姑娘打着美丽的西湖伞在雨中行走，夸张的雨滴、朦胧的远景、柔和的灯光等，给雨伞营造了一个诱人的气氛和环境。三是虚实结合，启发消费者的联想和想象。例如，泳衣以大海为背景，配上救生圈、遮阳伞，使人想起在海边度夏的美好想象和感受。

（2）店堂内部陈设

①商品陈列与消费心理，具体包括以下内容。

首先，依据顾客的消费心理进行陈列的注意事项。一是依据顾客的便捷选择心理和习惯心理进行陈列。陈列的位置便于顾客取放。如便利品和较重的商品要放在出入口处、一层和通道两侧。选购品要放在光线充足、噪音小和宽敞的地方，特殊品要放在货架的顶层、僻静之处。日用品放在胸口以上高度的货架上。二是按顾客逆时针行走的方向摆放重要程度不同的商品。从外到内按日用小商品、挑选性强的商品、高档耐用品的顺序摆放。结算台边放一些冲动品。拐角处放一些廉价易出售的商品。

②柜台（货架）设置与消费心理。柜台（货架）（以下简称柜台）的设置能直接影响到消费者的购物心理。按照售货方式的不同，柜台有开放式和封闭式两种。按照排列方式不同，柜台有直线式和岛屿式两种。

③灯光照明与消费心理。一是基本照明。基本照明是用于自然采光而设置的灯光，一般是以天花板上的荧光灯照明为主。灯光的强弱与数量要根据货品的位置和商品的情况而定。例如，高档商品光线要强，老年人用品和内部深处的商品光线要强一些。二是特殊照明。特殊照明是为了明显突出某种商品或专柜而设定的照明设备，多采用小型聚光灯和微型探照灯照明。这种照明给人以华贵的感觉，可用于珠宝、金银首饰、手表、相机等商品的照明。三是装饰照明。装饰照明是为了装扮店堂而设的附加照明。例如，壁灯、吊灯、彩灯、霓虹灯等，可以衬托和美化环境，营造良好的气氛。这种照明不能乱用、滥用，否则会喧宾夺主，使人眼花、烦躁。

④色彩搭配与消费心理。根据顾客与商品特点运用色彩。不同的店铺和顾客群体使用不同的色彩。根据季节与气候配色；利用商品本身的色彩搭配。

⑤音响与消费心理。音响也是店堂常用的能起到促销作用的经营手段，人在接收到音响刺激后会立即产生心理反应。轻松优美的音乐可以使人产生积极向上的、快乐开朗的心境和亢奋的精神状态；反之，则会使人产生烦躁不安的情绪。

（3）营业员服务

营业员（导购员）（以下简称营业员）在店堂销售中起着重要的作用，其职责主要是企业和产品的形象代言人、企业形象的维护者、信息的传播者、企业与顾客的沟通者、顾客的购物顾问、产品的促销者、市场信息的收集者、企业与顾客关系的维护。营业员的仪表及其服务直接影响着消费者的心理和购买决策。

①营业员的仪表与消费心理。一是静态仪表。静态仪表是指营业员的服饰和发型，要符合消费者的大众审美心理、求同心理和时尚心理，符合社会流行。穿着打扮不要过分超前，也不要落伍。二是动态仪表。动态仪表是指营业员的动作和姿态，要让消费者感觉到热情、真诚、关心和安全。姿态要优雅大方，态度要积极主动，表情要平静自然，行走要平稳协调，动作要准确干练。

②营业员的接待服务与消费心理。营业员的接待服务水平和质量首先取决于营业员对顾客的认识和态度。营业员要充分认识到顾客是企业和营业员的“衣

食父母”。对顾客热情、耐心、细心和真诚是职责和义务而非对顾客的施舍，服务顾客的目的是以顾客为主体，让其满意而非按自己的意愿使自己满意。

③营业员与顾客的冲突化解。营业员与顾客双方之间的冲突，从来源上看，有来自商品的、来自营业员的、来自顾客自身的。无论是什么原因引起的冲突，也无论是来自哪方面的冲突，都需要营业员按照“顾客至上”的理念，从自身的角度去分析和化解，所以，营业员在化解冲突的过程中起着关键作用。

2. 网络销售与消费心理

（1）网络营销商服务水平对网络消费者购买行为的影响

服务是企业围绕顾客需要提供的功效和礼仪，网络营销服务的本质就是确保顾客满意，这是检验网络营销服务质量的唯一标准。市场营销从原来的交易营销演变为关系营销，市场营销的目标也随之转变为在达成交易的同时还要维系好与顾客的关系，更好地为顾客提供全方位的服务。根据顾客与企业发生关系的阶段，可以将营销分为销售前、销售中和销售后三个阶段。相应地，网络营销产品服务也可划分为网上售前服务、网上售中服务和网上售后服务。

①网上售前服务。从交易双方的需要可以看出，网络营销的售前服务主要是向目标消费者提供信息服务。网络营销商提供售前服务的方式主要有两种：一种是通过自己的网站宣传和介绍产品信息，这种方式要求营销商的网站必须具有一定的知名度，否则很难吸引目标消费者的注意；另一种方式是通过网上虚拟市场提供商品信息。

值得注意的是，网络营销商除了应向目标消费者提供产品信息外，还应提供产品的相关信息，包括产品性能介绍和同类产品的比较信息。为进一步方便顾客购买，还可以介绍产品如何购买、产品包含哪些服务、产品使用说明等方面的信息。总之，提供的信息要让准备购买的顾客胸有成竹，并确保顾客在购买后可以放心使用。

②网上售中服务。网上售中服务主要是指销售过程中的服务。这类服务是指产品的买卖关系已经确定，等待产品送到指定地点的过程中的服务，如了解订单执行情况、产品运输情况等。

在传统的营销部门中，有 30% ～ 40% 的资源是用于应对顾客对销售执行情况的查询和询问，这些服务不但浪费时间，而且非常琐碎，难以给顾客满意的回答。特别是一些跨地区的销售，顾客要求服务的比例更高，满足其要求的难度也就更大。网上销售的一个特点是突破传统市场对地理位置的依赖和分割，因此网上销售的售中服务更为重要。这就要求网络营销商在提供网上订货功能的同时，还要提供订单执行查询功能，方便顾客及时了解订单执行情况，同时减少因网上直销带来的顾客对售中服务人员的需要。

③网上售后服务。网上售后服务就是借助互联网的直接沟通的优势，以便捷方式满足客户对产品帮助、技术支持和使用维护的需求的企业为客户服务的方式。网上售后服务有两类，一类是基本的网上产品支持和技术服务；另一类是企业为满足顾客的附加需求提供的增值服务。由于分工的日益专业化，使得一个产品的生产需要多个企业配合，因此产品的支持和技术也相对比较复杂。提供网上产品支持和技术服务，可以方便客户通过网站直接找到相应的企业或者专家寻求帮助，减少不必要的中间环节。

（2）网络文化对网络消费者购买行为的影响

今天网络已逐渐走进了我们的生活，在这个过程中，网络不仅影响了我们现实中的社会文化，它本身也在构建一个不同于现实的网络世界，这个网络世界经过遍及全世界各个角落的不同种族、不同民族、不同国家、不同社会的各种各样的人群的参与、建设、创造，正在形成自己的文化，一种没有国界、人与人之间可以达到零距离的文化。

网络文化是指与网络时代相关的人们的交往活动、价值观念与生活方式。网络空间与现实生活有许多共性，如都有一定的规范，网络空间有现实世界同样的功能等。但是两者相比，网络空间有其自身的特色，如更为自由、信息交流更为多样化等。在网络空间中存在的文化自然也有其不同于现实文化的特征。

网络文化与传统文化相比具有以下特征。

①网络文化的开放性。传统文化具有条块的特征，也就是说不同的群体有不同的文化，不同的行业有不同的文化，不同的地域有不同的文化。不同于这一群体，不进入这一行业，不处于同一地域就很难进入该领域的文化。换句话说，就是在获得或者共享某一文化的时候，必须首先具有某一身份。而网络文化对可以上网的人来说没有这样的预设门槛，对所有有条件上网的人来说，网络是完全开放的，没有条块的划分和限制。

②网络文化的平等性。正是因为网络上所有的信息、文化都是开放的，可以共享的，所以网络上所有的人在获取信息的时候就是平等的，不像在现实生活中信息的拥有往往成为权力的来源，成为不平等的原因。在网络上，信息的开放使得这种不平等降到了最低限度。平等性已成为网络文化的一个重要特征，在网络中，人们之间没有尊卑之分，可以非常平等地交往。

③网络文化的包容性。不同的文化在网上的地位是相同的，对差异的区分

和尊重是网络时代的一种文明表达。在这种包容性的发展中，网络文化成为一种全球性的文化。

④网络文化的个人化。网络信息纷繁复杂，每个人都可以在网络上根据自己的需要选择自己感兴趣的信息，个人的自主性空前提高，致使思想认识、价值观念、思维方式的个性化、多元化、复杂化的特征也更加明显。

⑤网络交往的匿名性。在网络中，相互交往的人往往并不知道对方的真实身份，这种交往具有很强的“虚拟性”。各种虚拟的或电子的共同体可以在网络上自由地发表自己的观点，对社会其他群体和机构产生非常大的影响。网络世界互动关系的虚拟性改变了人们的工作方式和生活方式，增大了人们感性上的隔膜。

（3）技术环境

影响人类前途最大的力量是科学技术。当前，科技发展迅猛，呈现出新的趋势和特点。IT 技术的发展一日千里，不仅使网络从深度与广度上更加迅速地将社会、企业、消费者连接在一起，也大大地推进了网络营销的发展，使其从一个概念性的营销工具，真正变成一种提升企业竞争力的模式。

新技术的应用丰富了网络购物的功能，更加丰富了网络购物的商品列表。在网络购物发展初期，商家推荐产品只能依靠文字及简单的图片，网络消费者无法形成对商品的直观认识，从而严重限制了消费者能够在网络上购买的商品种类，致使图书、音像制品等低价值的商品成为在线购物的主流。

随着现代视频技术的不断发展，虚拟现实技术、三维浏览技术、浮动广告技术、Flash 技术等先进技术已普遍地应用到了购物平台网站中，大大丰富了网络购物的直观性和可体验性，从而使网络购物的商品列表也极大地丰富起来。商品种类的丰富，直接推动了网络购物市场规模的持续增长。

（二）广告与消费心理

随着互联网的发展，广告在互联网经济的作用日益重要，利用消费者消费心理做出足够吸引力，符合产品实际的广告以促进消费者消费，是当前商家营销一大重要手段。

1. 广告的心理功能

①传播功能：广告信息可以广泛地、快速地传递到消费者，影响并说服消费者接受，并使其产生向他人传播的心理。

②诱导功能：广告可以强化消费者的购买动机，转变其原有的态度，诱导消费者产生购买行为。

③强化功能：广告通过反复传播和灌输，能使消费者产生定式心理，强化其对企业和品牌的认识，形成稳固的、良好的企业和品牌信念。

④教育功能：广告通过商品知识的传播，能够树立新消费观念，引导消费者正确理性消费。

⑤便利与安全功能：广告通过传播销售信息，可以使消费者方便选购，节省选购时间，降低购物风险。

⑥艺术功能：广告通过艺术性的宣传，能使人产生美好感受、美妙的联想，从而热爱所宣传的企业和商品。

⑦认知功能：消费者的商品知识大多是在购买前从广告中获得的。广告通过向公众传递有关商品的性能、用途、质量、服务等信息，使消费者对其产品和服务有较深入全面的了解和认识，并在其头脑中留下印象。

2. 网络广告的心理效应

自 20 世纪 90 年代互联网产生以来，网络作为一种新的广告媒体快速地发展起来。网络广告就是在网络上做的广告，它是利用网站上的广告横幅、文本链接、多媒体的方法，在互联网上刊登或发布广告，通过网络传递到互联网用户的一种高科技广告。据中国互联网络信息中心（CNNIC）发布的《第 43 次中国互联网络发展状况统计报告》，截至 2018 年 12 月，中国网络购物用户规模已达 6.10 亿人，手机网络购物规模达 5.92 亿人，已占到网络购物用户数的 97%。所以，网络广告已经成为广告的主力。

①广泛性和开放性

网络广告的信息量大、传播范围广，互联网上的广告信息是不受容量和时间限制的，消费者可随时随地随意地在网络上打开查看广告信息。

②双向性和交互性

网络广告可以采用多媒体技术和虚拟技术，不但能让消费者“亲身体验”到产品和服务，还能让其在网上进行互动交流、在网上进行预订、交易与结算。

③信息传递的非强迫性

与其他媒体相比，网络广告可以由消费者根据自己的需要进行自由浏览和查阅，节省了消费者的时间，不会强迫消费者接收信息，也不会打扰消费者。

④可统计和可评估性

网络广告可以通过“访问者统计”精确地知道有多少人浏览过广告，以及浏览者的浏览时间和地域分布，有利于商家评估广告效果，也有利于消费者了解与自己“同类”者的数量。

⑤实时性和持久性

网络广告主可以随时根据需要进行广告信息的改动和调整，及时将最新信息发布给消费者。同时，网络也可以长久保存广告信息，并利用网站吸引消费者随意检索、查阅、下载。

⑥广告投放的准确性

广告主可以有针对性地把信息投放在目标顾客喜爱的网站或栏目上。让有兴趣的消费者进行浏览。所以，网络广告信息到达受众的准确性较高。

但是网络广告也有以下不足，如大多限于喜欢上网的青年人（16 ～ 30 岁），影响面小；广告的制作水平不如电视广告的效果好；网民对网络广告的信任度不高，不喜欢浏览，甚至有的人有反感心理。

3. 广告传播的心理策略

①以奇取胜策略。每个人都有好奇心，利用人们的好奇心理进行广告促销能收到很好的效果。新奇的事物和信息能引起有好奇心的人的注意、兴趣，并留下深刻的印象。

②以新取胜策略。与好奇心一样，求新也是人们的共同心理。新颖的广告能引起人们的注意和关注。广告的新颖性体现在创意新、格调新、媒体新、表现形式和手法新。

③以诚取胜策略。真诚是打动顾客的重要手段，在一定意义上可以说，真诚是广告的生命。精诚所至，金石为开。真诚的广告能得到顾客的信任和忠诚。

④以情取胜策略。人有丰富的、美好的情感需求，如亲情、友情、爱情、被尊重等情感需求。在广告中运用情感，能引起消费者的共鸣，有利于促进销售。

二、网络消费者需求的影响因素

（一）网络时代的消费者行为特征

1. 消费产品个性化

在近代，由于工业化和标准化生产方式的发展，消费者的个性被淹没于大量低成本、单一化的产品洪流之中。随着 21 世纪的到来，这个世界变成了一个计算机网络交织的世界，消费品市场变得越来越丰富，消费者进行产品选择的范围开始全球化，产品的设计呈现多样化，消费者开始制定自己的消费准则，整个市场在网络消费的大潮中回到了个性化的基础之上。没有一个消费者的消费心理是一样的，每一个消费者都是一个细分的消费市场，个性化消费成为消费的主流。由于消费社会的消费产品极为丰富，人们收入水平不断提高，这些因素进一步拓宽了消费者的选择余地，并使产品的个性化消费成为可能。消费者购买产品也不再仅仅是满足其物质需要，还要满足其心理需要，在网络时代这一全新消费观念影响之下，个性化消费方式成了消费的主流。

2. 消费过程主动化

在网络营销中，消费者消费主动性的增强，来源于现代社会不确定性的增加，以及人类追求心理稳定和平衡的欲望。这种消费过程主动性的特点，对网络营销产生了巨大的影响，它使企业适应消费者的这种需要，通过和风细雨式的影响，让顾客在比较中做出选择，传统的商业流通渠道由生产者、商业机构和消费者组成，其中商业机构起着重要的作用，生产者不能直接了解市场，消费者也不能直接向生产者表达自己的消费需求。而在网络环境下，消费者能直接参与到生产和流通中来，与生产者直接进行沟通，减少了市场的不确定性。

3. 消费行为理性化

在网络环境下，消费者可以很理性地选择自己的消费方式，这种理性消费方式主要表现为：理智地选择价格；大范围地进行选择比较，即通过“货比千家”，精心挑选自己所需要的商品；主动地表达对产品及服务的欲望，即消费者不会再被动地接受厂家或商家提供的商品或服务，而是根据自己的需要主动上网寻找合适的产品，即使找不到也会通过网络系统向厂家或商家主动表达自己对某种产品的欲望和要求。网络营销系统巨大的信息处理能力，为消费者挑选商品提供了前所未有的选择空间，消费者会利用在网上得到的信息对商品进行反复比较，以决定是否购买。

4. 购买方式多样化

网络使人们的消费心理稳定性降低、转换速度加快，这直接表现为消费品更新换代的速度加快。这种情况反过来又使消费者求新、求变的需求欲望进一步加强。另外，由于在网上购物更加方便，因此人们在满足购物需要的同时，又希望得到购物的种种乐趣。这两种心理使购买方式变得多样化，这种多样化的购买方式又直接影响了网络营销。网上购物，除了能够完成实际的购物需求以外，还能得到许多信息，获得在实体商店没有的乐趣。今天，人们对现实消费过程出现了两种趋势的追求：一部分工作压力较大、紧张程度高的消费者以方便性购买为目标，他们追求的是时间和劳动成本的尽量节省；而另一部分消费者，是由于劳动生产率的提高，自由支配时间增多，他们希望通过消费来寻找生活的乐趣。

（二）网络时代的消费者行为模式

互联网时代消费者购物行为模式发生了很大变化。以博客等为主要形式的个人媒体，使信息发布由传统的 B2C——由商家向消费者发布的模式，转化为 B2C2C——由商家向消费者发布之后，消费者向消费者发布与共享的模式。

两个具备互联网特征的行为——信息搜索、信息分享，充分体现了互联网对于人们生活方式和消费行为的影响与改变。基于网络时代的消费者行为模式为：需求—兴趣—搜索—行动—分享。网络时代消费者的购物活动可分为五个阶段：需求确定、购前学习、备选评价、购物和分享信息。

1. 浏览

消费者非正式性的和非目的性的信息认知，使其处于需求的确定阶段，有关信息可能成为购买动机的诱因。这时候，消费者浏览的目标网站大多是自己经常登录的网站，当然他们也可能是漫游式地在网上游荡，一旦发现自己的兴趣点便会收藏或订阅。

2. 搜索

消费者通过搜索引擎寻找和收集特定的品牌和商品信息，处于购前学习阶段。从搜索结果中访问众多不同的信息源，其有效性依赖于关键词及其他搜索路标。搜索中收集到的信息有助于消费者发现某一品牌、某一商品的更多新信息。

3. 比较

消费者在大信息量的信息集里对特定信息进行判断，即备选评价，从而达到品牌比较和商品比较的目的，实际上这种比较已属于信息处理的过程，其目的性较强。现在有很多电子商务的平台网站和部分门户网站已经开始提供商品和品牌比较的功能，而这种实现比较的个性化需求恰恰是传统信息媒体难以做到的。

4. 购物

在网络时代，购物行为更为便捷，消费者不用离开他们的办公室或住所就可以找到有关公司、产品、价格、竞争者等方面的可比信息。他们不必排队等候，无论身处何地都可以 24 小时订购产品；无须到银行取现，可让商家在第三方支付平台划取相应金额后把现金支付凭证连同其所购货物送到家，既快速又便捷。

5. 分享与互动

随着 QQ、MSN 等交互平台的崛起及交互技术的迅猛发展，网上消费的互动性已经大大增强，网上购物的互动性，既让供应商更加充分地了解及更好地满足消费者的个性化需求，也让品牌和商品信息传播有了更多样化的途径。消费者生成海量、自发、不受限、非结构化的评论与信息，通过这种行为与方式，消费者不再是单独的个体，他们相互联系，拥有群体的力量与权利。大多数消费者表示，如果其他人对其所分享的经历与体验予以关注或有所受益，便会有一种成就感，并愿意分享更多，与那些有共同兴趣或话题的人建立联系，倾听他们的经验与建议，并积极分享自己的看法与感受。这也意味着企业不得不改变与消费者沟通、对话的方式，找出与这些“极富经验”的消费者进行有效互动的新方式。无论是营销者还是市场研究者，都要吸引消费者，与他们进行长期、开放的对话与协作，充分利用消费者分享交流的兴趣及参与的积极性。

（三）网络消费的风险

尽管网络时代消费者购物具有很多新的特点与优势，但是这种消费模式不可避免地会对消费者产生一些风险，具体表现为以下几点。

1. 商家信誉问题

商家信誉是网上购物最突出的问题。商家提供的商品信息、商品质量保证、商品售后服务是否和传统商场一样，购买商品后是否能够如期拿到商品，以及当商家无法兑现维修和退换货等承诺时如何追究等都是消费者所担忧的问题。

网络应用于企业经营时一个突出的特点是能使大企业变小、小企业变大，即所有企业在网上均表现为网址和虚拟环节。传统上，中小企业会受到经济规模和企业历史等条件的束缚，而在网络上它们则更具自由度，可利用信息武装自己，缩小与大企业的差距，对中小企业来说，这一特点就是优点，但消费者也因而增加了鉴别、选择企业或产品的难度。一些在实体经济中可有效判别和预期产品服务质量的感觉，如对零售企业营业面积、店容、店貌等的感受，在网上则无用武之地。消费者必须重新学习或继续以现实途径进行辅助判别，这就加大了消费者判别的难度和成本。此外，网络商店较容易设立，因而也容易作假，消费者对此也会心存疑虑。因此许多进行网络营销的企业仍会借助实体设施来提高信誉和知名度，但这反过来又会削弱网络营销的优势。

2. 网络资金安全问题

消费者对网络安全一直以来都存在很大的担忧，诸如用户的个人信息隐私、交易过程中银行账户密码、转账过程中资金的安全等问题是妨碍网络消费发展的重要原因。现阶段，网上购物安全性还存在一定问题，其危险主要源于两方面：一方面是消费者的私人资料如信用卡资料，在传输过程中可能被截取或被盗用，现时加密技术的发展仍不能完满地解决这一问题；另一方面，“恶作剧”或蓄意的计算机病毒也令人望而生畏，病毒一旦在网上发作，其破坏力可想而知。

3. 配送责任与配送周期问题

传统购物一般是现货交易，在选好商品并付钱后即可直接拿走所购之物，而网上购物就需要一个订货后或长或短的等待送货过程。现在，虽然有越来越多的物流和快递公司加入竞争，物流速度有所提高，但即使同城配送，最快的也需要一个小时，跨省配送的时间和成本都相应增加，配送成本和配送周期的增加无疑会削弱网上购物成本节约的优势。

4. 网上购物的体验

网上购物可以解决消费者对商品的视觉和听觉的判断，甚至由于影像的功能还能比现场购买更好地了解商品的内部结构和成分，可以产生消费者教育的信息统一性，但其缺乏触觉、嗅觉和味觉的体验，就会对某些侧重于该方面尝试的商品产生较大的消费者心理与行为障碍，如化妆品和食品等。

5. 无法满足某些特定的心理需求

网络营销的特点决定了它不能满足某些特定的消费心理需求，由于网上购物不可替代部分人际互动关系，也就不可能满足消费者在这方面的个人社交动机。

这些风险的化解一方面需要公民不断提高和强化公德意识和法制意识，另一方面要加强网络法制建设。网络无国界，但落地有规矩，只有遵守网络道德和网络与信息安全管理制度，才能真正做到网络消费安全。

第二节 大数据对消费体系的影响

一、大数据理论

（一）大数据定义

近几年，大数据发展迅速，成了全球各国的关注热点。Atoare 和 Scimce 等著名学术刊物相继出版专刊用来专门探讨大数据；著名管理咨询公司麦肯锡认为：数据已经渗透当今每一个行业和业务职能领域，成为重要的生产因素。人们对于大数据的挖掘和运用，预示着新一波生产力增长和消费盈余浪潮的到来。显然，大数据已经成了社会各界关注的新焦点。

大数据是一个新概念，英文中至少有三个名称：大数据（Big Data）、大尺度数据（Big Scale Data）和大规模数据（Massive Data），至今未形成统一定义。现阶段，三种比较重要的定义分别如下。

①属性定义。2011 年，国际数据中心 IDC 定义大数据：大数据技术描述了一个技术和体系的新时代，被设计于从大规模多样化的数据中通过高速捕获、发现和分析技术提取数据的价值。

②比较定义。McKinsey 公司的研究报告指出：大数据是指超过了典型数据库软件工具获取、存储、管理和分析数据能力的数据集。该定义偏向主观，没有描述与大数据相关的任何度量机制，但是在定义中包含了一种演化的观点（从时间和跨领域的角度），说明了什么样的数据集才能被认为是大数据。

③体系定义。美国国家标准和技术研究院 NIST 认为：大数据是指数据的容量、数据的获取速度或者数据的表示限制了使用传统关系方法对数据的分析处理能力，需要使用水平扩展的机制以提高处理效率。

此外，产业界、学术界等领域的相关人员都结合自己所处的行业背景对大数据的定义进行了更深入的探讨，例如，统计学家认为大数据是一切可以记录信号的集合。

一般认为大数据具有四个基本特征（即所谓 4V 特征）：Volume（数据体量庞大数据量以 PB，EB，ZB 来衡量）、Value（数据量大但价值密度低，需要价值提纯）、Variety（数据类型多样化，不仅是结构化数据，还包括网页、社交网络、日志、音视频、图片、位置等数据，更多是半结构化数据和非结构化数据）、Velocity（数据产生和处理的速度快，时效要求高，不仅是静态数据，更多的是动态实时数据）。

（二）大数据技术

大数据技术是一代全新的数据科学领域的技术架构或模式，对数据量大、类型复杂、需要即时处理和价值提纯的各类数据，综合运用新的数据采集、存储、处理、分析和可视化等技术，提取数据价值，从数据中获得对自然界和人类社会规律深刻全面的知识和洞察力。IBM 公司的大数据生态系统模型将大数据技术划分为数据生成与获取、数据存储、数据处理、数据分享、数据检索、数据分析、数据可视化等七个部分。

1. 数据生成和获取

在大数据生态系统中，数据生成的发展可以由数据的产生速率来描述。随着信息技术的快速发展及互联网普及率的提高，数据的产生速率也在不断提速。如今，海量的数据来自我们日常生活所接触的行业领域，如金融行业、互联网行业等。

随着大量数据的生成，人们开始关注数据背后隐藏着巨大的信息。数据获取就是以数字形式将信息汇合，该过程主要分为以下三个步骤：数据采集、数据传输及数据预处理。数据采集是指从现实生活中获得原始数据的过程，不准确的数据采集将会对后续的操作产生巨大的影响，甚至得出误导性的分析结论。

2. 数据存储和处理

当前，我国大数据存储、分析和处理的能力还处于初级阶段，对大数据相关的技术和工具的运用也相当不成熟，大部分企业仍处于 IT 产业链的底层。我国在数据库、数据仓库、数据挖掘及云计算等领域的技术，普遍落后于国外的先进水平，仍然处在一个初级阶段。

在大数据存储方面，数据的爆炸式增长，丰富的数据来源和数据类型，使数据存储量更加庞大，对数据展现的要求更高，而目前我国传统的数据库还难以存储如此巨大的数据量。在大数据的分析处理方面，由于针对具体的应用类型，需要采用不同的处理方式，因此必须通过建立高级大数据的分析模型来实现快速抽取大数据的核心数据，高效分析这些核心数据并从中发现价值，而这些数据分析能力我国还很欠缺。

因此，如何提高我国对大数据资源的存储和整合能力，实现从大数据中发现、挖掘出有价值的信息和知识，是我国当前大数据存储和处理所面临的挑战。

3. 数据分析

数据分析是大数据技术领域最核心的部分，数据分析的结果可以揭示潜在有价值的规律和结果，也可以辅助人们进行更为科学和智能化的决策。在大数据分析方面，除了传统的 BI 技术外，人工智能技术领域的很多技术方法为大数据分析提供了丰富多样的分析方法，包括统计分析、机器学习、数据挖掘、自然语言处理等。

（1）数据挖掘

①数据挖掘（Data Mining）又称为数据库知识发现，它是从海量的、不完全的、模糊的、随机的实际应用数据中自动提炼出人们感兴趣的东西，或者提

炼并分析出不可轻易察觉或断言的信息，最后得出一个有用结论的过程。换句话说，数据挖掘是指在数据间发现一种关系（或指模式、知识）。

简而言之数据挖掘是一种深层度的数据分析。数据分析已经发展了很多年，具有丰富的运用历史，但是由于以往受到计算能力的限制，大数据量的复杂数据分析并没有取得突破性的发展。随着信息技术不断发展及互联网普及率的提高，数据挖掘的快速发展有效地改变了“丰富的数据，贫乏的知识”的尴尬情况。

②数据挖掘过程。数据挖掘是通过自动或半自动化的工具对大量数据进行挖掘和分析的过程。第一步，数据挖掘工作者定义问题，这个步骤一般会包含分析业务的需求、定义问题的范围、定义模型的度量及定义数据挖掘项目目标；第二步，相关人员需要做一些数据筛选得到有效数据，即目标数据集；第三步，需要对目标数据集进行数据预处理，比如，异常值的处理、缺失值的处理等；第四步，对预处理后的数据进行转换；第五步，基于转换数据进行数据挖掘，得到有用的模式；最后一步，需要对模式进行分析得到知识。

③数据挖掘方法。目前，数据挖掘方法根据挖掘方式可以分为有监督学习和无监督学习。

有监督学习包括分类模型和预测模型。分类模型用于预测数据对象的离散型类别，如根据客户的“年龄”“婚姻状况”“收入情况”等属性取值来判定客户的信用水平，这是一个典型的大数据征信的分类问题。目前，数据挖掘工作者主要通过对已有的训练集（已知数据和其对应的输出）进行训练得到一个最优的模型(该模型属于某个函数的集合，最优则表示在某个评价准则下是最佳)，再利用这个模型将所有的输入映射为相应的输出，对输出结果进行简单的判断从而实现分类的目的，也就具有了对未知数据进行分类的能力。

无监督学习是另一种研究较多的学习方法，它与监督学习的主要区别在于事先没有设定训练集，而需要直接对某批数据进行建模。无监督学习包括聚类分析和关联规则分析，聚类方法的目的在于把类似的东西聚在一块，但是并不关心该类是什么。因此，一个聚类算法通常只需要知道如何计算相似度就可以开始工作了。目前，聚类分析被应用于很多方面，比如商业上，聚类分析被用来发现不同的客户群，并且通过购买模式来刻画不同客户群的特征。而关联规则挖掘的目的在于挖掘项目之间的内在联系，如经典的“啤酒和尿布”的故事，年轻的父亲在给自己的孩子购买尿布的时候会再给自己买几罐啤酒，而超市通过对购物篮的分析发现这样的秘密，并采取捆绑销售的模式。

在大量数据中，有少量数据与其他数据的特征是有区别的，在数据的某些属性方面有很大的差异。它们被认为是数据集中的离群点，或者说是异常值。通常情况下，根据分析工作者会试图采取措施将离群点的影响最小化，或者说是直接删除这些数据。但是在某些领域，人们可能更加关注罕见事件的发生，如反欺诈。

（2）统计分析

①统计分析就是基于数学领域的统计学原理，运用统计方法及与分析对象有关的知识，从定量与定性的结合上进行的研究活动。整个统计分析过程中包含了统计设计、数据的整理、数据的分析、预测分析及撰写统计分析报告等。统计分析是整个统计工作的核心部分，是统计工作成果最重要的体现形式之一，是发挥统计整体功能的决定性因素。

②统计分析的方法。现阶段，统计分析使用的方法主要分为传统统计分析方法和现代统计分析方法，其中传统统计分析方法包括比较分析法、综合评价法、分组分析法等。比较分析法是通过适当的比较标准进行分析的一种方法。所以，只有选择合适的比较标准才能客观做出科学的评价。在实际的统计分析过程中，常用的传统统计分析标准有时间标准、空间标准及经验标准等。时间标准就是选择不同时间的指标数值作为评价的标准，如研究 GDP 过程中时常会提到“同比”与“环比”，就是利用时间作为衡量标准来进行比较的。空间标准，顾名思义，就是选择不同空间的指标数值进行比较。

（3）自然语言处理

自然语言处理（NLP）是基于计算机科学和语言学，利用计算机算法对人类自然语言进行分析的技术，属于计算机科学领域与人工智能领域中的一个重要方向。其关键的技术涉及词句法分析、语义分析、语音识别及文本生成等。很多自然语言处理算法是基于机器学习的方法。该技术领域典型的应用就是基于社交媒体对语言的情感进行分析、法律领域的电子侦查，其他应用还包括欺诈检测、文本分类、信息检索和过滤、机器翻译等。

该领域目前的研究热点在语义分析和情感分析等方面。

语义分析是对信息所包含的语义的识别，并建立一种计算模型，使其能够像人那样理解自然语言。现阶段，具有代表性的大规模文本语义分析研究主要是基于统计的经验主义方法，如线性代数、矩阵论、统计和概率理论等数学理论。该类方法将文本看作一个独立的词语所形成的无序词袋（即认为文档就是一个词的集合），利用词语的统计信息将大量文本表示为词语向量集合或者词语与文本的某种概率关系，并据此分析文本集合中隐含的主题、词间潜在的语义结构等语义信息。

情感分析是通过对带有情感色彩的主观性文本进行分析、处理、归纳和推理的过程，如从 Twitter、微博、论坛等评论文本中分析投资者对“证券交易”的情感倾向。

（4）机器学习

①机器学习主要研究如何通过计算的方法，利用经验来改善和提升系统自身的性能。在大数据时代，这里的经验指的是海量的数据，机器学习所研究的主要内容就是指基于数据通过计算机构建模型的算法，即学习算法。有了学习算法之后，假设把数据放进算法里运行，算法能够基于数据集产生一个模型，该模型在面对新的情况出现时，模型会基于经验给出一个相应的判断。

②典型机器学习方法。神经网络学习是一种模仿人脑信息加工过程中的智能化信息处理技术，其中有代表性的模型主要为 BP 神经网络、模式神经网络和概率神经网络等。神经网络对数据的要求不严格，能够在数据结构不太清楚的情况下进行相关的数据处理。同时，神经网络是一种自然非线性建模过程，换句话说，也就是变量与变量之间不需要相互独立或线性相关的条件假设。支持向量机（SVM）的基础是统计学习理论。该方法是一种监督学习方法，主要用于数据分析、模式识别，分类分析和回归分析。首先，最简单的 SVM 固然是一条线，这是无数条用来分类的直线中最完美的一条，即它恰好在两个类的中间，距离两个类的点都一样远。当然如果继续推广，支持向量机的主要思想可以定义为是建立一个超平面作为决策，使不同类别之间的隔离边缘最大化。通过非线性变换，支持向量机将输入空间（即低维空间）的非线性问题转化到一个高维空间，甚至是一个无限维空间的线性问题，其中非线性变换是通过核函数实现的，最后在高维空间求取最优分类面，比较好地实现了维最小的问题。同时，支持向量机方法通过内积计算有效解决了维数过高问题，有较好的推广能力和非线性处理能力。

4. 数据可视化

（1）数据可视化定义

数据可视化是大数据分析的重要方式之一，其主要运用了计算机图形学、图像、人机交互等技术，将采集的数据或者模拟数据以可识别的图形、图像、视频及动画呈现，并允许用户对数据进行交互分析的理论方法和技术手段。

数据可视化的发展将原本难以描述清楚的现象转换为直观的图形符号，并从中挖掘规律和发现知识。已有的统计分析方法或者数据挖掘方法对复杂的数据进行了简化和抽象，隐藏了数据集真实的结构。而数据可视化可以做到还原乃至增强数据中的整体结构和具体细节。

（2）数据可视化的分类

现阶段，主要将数据可视划分为信息可视化、科学可视化和可视分析三个分支。信息可视化更加偏重于在有限的空间里，通过可视化图形呈现数据中隐含的信息，其中数据主要是处理非结构化、非几何的抽象数据，如股票交易数据、社交网络和文本日志数据等；科学可视化是可视化领域发展最早、最成熟的一个学科，主要面向物理、气象气候、化学、生物学、医学等自然科学领域中的数据和模型的解释、操作与处理；而可视分析被定义为一门由可视交互界面为基础的分析推理科学，其主要综合了图形学、数据挖掘和人机交互等技术，其产出物是可以供分析师使用的分析系统。

（3）数据可视化流程

在实际应用过程中，数据可视化的流程大致可以分为原始数据的转换、数据与视觉转换及界面交互。为了满足用户的需求，让普通用户能够了解数据、认识数据，数据可视化工作组会尽可能地将可视化效果达到最优，而该过程可以认为是一个不断修改、反复完善的过程。例如，国内某公司为了根据银行区域性风险构建可视化模型，但是评审组认为最终的可视化效果没有达到预期效果，那么数据工程师将会返回到挖掘过程、改变数据的维数、排列等，又或者返回到修饰阶段，修改可视化图形的颜色、大小、透视度等属性。

（4）面向大数据的信息可视化技术

随着大数据的兴起与发展，信息可视化技术在大数据可视化中扮演的角色越发重要。根据信息的特征，信息可视化技术被划分为一维信息可视化、二维信息可视化、三维信息可视化、多维信息可视化、层次信息可视化、网络信息可视化及时序信息可视化。现阶段，由于互联网、社交网络、企业商业智能等众多领域的发展，逐渐产生了一些特征鲜明的信息类型，如文本数据、网络数据、时空数据及多维数据等。围绕着这些数据类型，提出了很多信息可视化新方法、新技术。

①文本可视化。大数据时代，文本数据是非结构化数据类型的代表，是互联网中主要的信息类型，也是物联网各种传感器采集后生成的主要信息类型。

日常生活中，我们每天接触最多应该就是计算机了，而计算机中的电子文档就是以文本形式存在的。文本可视化的意义在于，能够将文本中蕴含的语义特征直观地展示出来，如词频、重要性排序、逻辑结构、动态演化规律等特征。

文本可视化技术的典型代表是标签云，将关键词根据其出现的频率或者其他的规则来排序，并且按照一定的规律进行布局，用大小、颜色、字体、透明度等字体属性对关键词进行可视化。目前，行业内大多采用通过字体的大小来对关键词的重要性进行可视化呈现。

②网络可视化。网络关联关系是大数据中最常见的关系，比如互联网与社交网络。同时，层次结构数据也属于网络信息的一种特例。基于网络节点和连接的拓扑关系，直观地将网络中潜在模式关系展现出来，如节点或边的聚集效应，属于网络可视化中主要内容之一。对于包含大量节点和边的网络，如何在有限的屏幕空间中将其进行可视化则是大数据时代面临的重难点。除了对静态的网络拓扑关系进行可视化外，大数据相关的网络往往具有动态演化特征。因此，如何对动态网络的特征进行可视化，也是不可或缺的研究内容。

③时空数据可视化。时空数据是指具有空间地理位置与时间效应的数据。而随着传感器及移动终端的快速普及，时空数据也成了大数据视角下典型的数据类型。为了反映信息对象随时间进展与空间地理位置所发生的行为变化，通常通过信息对象的属性可视化来展现。流式地图是一种典型的方法，即通过将时间事件流与地图进行融合。

④多维数据可视化。多维数据指的是具有多个维度属性的数据变量，其广泛存在于基于传统的关系数据库及数据仓库的应用中，如商业智能系统。多维数据分析的目标是挖掘与分析多维数据的分布和模式，并揭示不同维度属性之间的潜在信息。

（三）大数据行业

据贵阳大数据交易所发布的《2019年中国大数据交易产业白皮书》数据显示，2019年，中国大数据产业规模大约为5 386亿元，预计2020年产业整体规模达到6 605亿元，培育了10家国际领先的大数据核心龙头企业和500家大数据应用及服务企业。随着大数据应用范围的不断扩大，大数据所形成的价值正在快速提升，其产生与应用则是一个庞大的产业，产业链上的每个角色都有自己的使命。

产业链是产业经济学中的概念，是各个产业部门之间基于一定的技术经济关联，并依据特定的逻辑关系和时空布局关系客观形成的链条式关联关系形态。一般而言，大数据产业链可以划分为资源、技术和应用。

①资源，即大数据源的所有者。大数据资源未来将是企业价值的重要载体。互联网公司、金融机构，以及诸多的传统与新兴企业每天都在生产和存储着海量的数据资源，这些数据资源就是企业未来发展的重要价值所在。

互联网公司、电信运营商、金融机构享有庞大的数据入口，具有先天的大数据优势。互联网公司在多年的发展中已经积攒了海量数据，以及存储与管理数据的经验。而电信运营商与金融机构不仅拥有多年数亿用户的信息，而且这些信息大多真实可靠、质量很高。政府机构也拥有海量公众数据，但目前为止，它的非营利性质决定了政府机构无法参与产业链竞争，只能成为纯粹的数据提供者。

②技术是提供数据集成、处理、分析、挖掘等技术的大数据管理工具供应商。大数据处理系统一般需要经过数据准备、数据存储与管理、计算处理、数据分析四个环节，在这些环节中，产业链又可以划分成为硬件、基础软件、分析服务、数据安全四大类。

③应用可以理解为大数据应用工具 / 服务供应商。数据应用型企业位于大数据产业链的下游，通过对开放数据的运用或与数据资源型企业的合作实现大数据价值挖掘后的变现。相比资源型与技术型企业，应用型企业以新兴创业公司为主，先天带有互联网基因，专注于解决行业痛点，是实现大数据商业化的关键一环。

大部分大数据金融公司都属于大数据产业链中的“应用”层，因为“大数据金融”本身就是“大数据 + 金融”两个产业相互作用的结果，实质上就是大数据在金融行业内的开放和应用。案例中服务于金融机构的大数据金融公司，它们擅长将金融和非金融领域的大数据进行分析应用、商业化、换取价值，降低金融业务的风险和成本，提高金融服务的质量和效率。

当然，大数据行业的风险是可以在法律的不断完善和大数据企业的自觉配合下逐步减轻的。比如，阿里巴巴启动数据的权属保护及个人信息保护研究，核心措施就是对数据进行分类，确定权属，同时对其中相关主体的权益进行保护，在规则确定的基础上才能把数据通过交换和利用处理的方式利用起来。

目前，大数据与金融的结合还处在发展初期，即大数据金融发展刚刚起步，处于第一阶段，有关大数据金融的公司在创业热潮的推动下在全国各地萌生出来。不同的金融机构和金融领域，有一致的需求，也有着不同的个性化需求，而大数据金融发展的第一阶段的主要目标正是试图用现有数据和技术满足它们的需求。

首先，所有的金融企业都有重建IT系统的需求。金融企业信息化水平较其他行业和企业更高，IT系统和所携带数据的体量也比其他企业大，IT方面的投资也非常多，已经建成使用的各类系统也很多。但通常各类系统由于数据无法直接交换、通信障碍等各种原因，并没有被充分利用起来，其中的数据更是直接被浪费。在大数据和云计算时代到来后，统一、灵活、个性化的IT系统和IT架构是金融企业所追求的，他们希望自身的IT系统在满足业务需求的基础上，可以成本更低，同时可以产生更多的效益。所以，有的大数据公司是专为金融企业设计内部IT系统提供整体系统解决方案的，这就是为金融企业设计新的IT架构和资源配置方式，帮助金融企业降低成本、提高效率。

其次，所有的金融企业都会有针对性营销的需求。随着金融体系的不断开发、社会资本的引进、互联网金融的繁荣，传统金融企业面临着越来越激烈的竞争。金融业也是服务行业，尤其是银行、证券、保险、基金公司等，非常需要用户的支持，如何获取用户、如何保持用户、如何提高用户的满意度和忠诚度成了它们的重要关注点。大数据公司通过大范围的用户信息搜集、用户画像等技术，为金融企业提供针对性营销的对象和办法，可以帮助金融企业在营销方面提高效率和准确度。

最后，不同的金融企业有自己的个性化需求。目前服务于银行的大数据（金融）公司最多，服务内容以提供个人/企业征信信息、贷前审核、贷后控制、贷款风险预警为主。关于保险，目前除了中国保信提供信息共享平台外，其他公司暂不可考，但保险公司对数据的要求同样很高，尤其在保费计算、保单核算、理赔审核等方面。为证券和基金公司提供的服务，目前也停留在营销、用户管理方面，未来可能在产品设计、风险定价等方面对大数据技术有着新的期待。

二、大数据与电商信用

（一）大数据时代的电子商务

工商行业发展到一定程度和规模，必然会产生大量数据。但是光靠“大”还不足以成为大数据，电商数据之所以是大数据，不仅在于规模和体量的庞大，还在于数据的复杂性、多样性、动态性、高价值性。电商数据从早期的单纯作为交易和消费的记录，已经演变成为一种高附加值的社会资源。任何事物，一旦附带了较高的价值，必然会引发社会层面的关注和争议。

1. 工商行业的大数据

构建在互联网基础上的电商，和传统零售相比的最大优势是数据的可获得性。电商可以实时得到顾客的来访源头，在站内的搜索、收藏和购买行为，以及购买的商品之间的关联性。随着电商的崛起，产生了大量网上交易数据，包含支付数据、查询行为、物流运输、购买偏好、点击顺序、评价行为、征信记录等，还有信息流和资金流数据等，这些数据可以帮助企业更精准地为顾客服务，开展营销。

以 B2C 为例，B2C 电商本质上是一种商业零售模式，与线下零售相比具有更容易获取消费者数据、商品数据的特点。目前，国内几家大型 B2C 电商平台都有着过千万级别的活跃用户，例如，京东每天的平均交易额超过 10 亿，日均订单量超过 100 万，如果能对这些数据善加分析和利用，必然能得到很多非常有意义的成果[①]。

而作为国内最大的电商平台，淘宝网（含天猫）的大数据可以涵盖淘宝商家公开的成交单价、成交笔数等数据。抓取这些海量数据，并对其进行处理、分析和计算，就可以为店铺运营者提供包括产品、品牌、行业、竞争店铺等多维度的竞争性情报信息。专业的数据分析可以帮助企业解读数据背后的市场机遇，甚至可以通过挖掘数据的潜在规律和价值，对企业的经营策略起到决策支撑和指导作用。

工商行业的数据量正以指数级爆炸式增长。电商平台的数据正是典型的大数据，工商行业也正在进入“大数据时代”。

回顾国内外电商的发展过程，电商企业大概经历了三个时代。一是基于用户数的时代。早期电商企业主要依靠发展客户，通过收取会员费、广告费等方式来赚取利润。二是基于销量的时代。电商企业通过广告等营销手段来实现商品销量的增长，以此来提升品牌影响力和企业价值。三是基于数据的时代。电商企业通过对海量消费数据的收集、分析、整合，挖掘出其中的商业价值，开展更加个性化、精确化、智能化的营销。而大数据正是电商发展和累积到一定程度与阶段的高级产物。

随着大数据的发展而提出的“第四范式”，不仅带来了科研方式的变化，还引发了人们思维方式的改变。大数据的研究和应用正对电商企业的管理运作理念、组织业务流程、市场营销决策及消费者行为模式等产生巨大影响，使企业商务管理决策越来越依赖于数据分析而非经验甚至直觉。

---

① 毛郁欣，赵亮 . 大数据时代电商伦理前沿问题研究 [M]. 沈阳：东北大学出版社，2016：18.

全球已经步入大数据时代，数据已经成为越来越有价值的资源，电商企业在开发和利用大数据方面发展前景巨大。根据艾瑞对近 1 200 家企业的一项调查，97.9% 的企业认为数据分析对于电商运营很重要。由此可见，“大数据”意识正在电商企业中普及。与此形成对比的是，有超过半数的被调查企业认为自身欠缺对电商数据的分析能力。

2. 电商大数据服务

大数据时代，以阿里巴巴为代表的电商企业纷纷推出了电商大数据服务，试图利用大数据支持更加科学高效的电商运营。大数据对电商企业或平台来说，已不仅仅是组织内部的一种资源，而是一种可以对外提供的服务和产品。其中，比较有代表性的服务包括淘宝指数、阿里指数和百度指数。

淘宝指数是淘宝官方的免费数据分享平台，于 2011 年底上线。其数据来源主要是搜索数据，即来自用户在淘宝网、天猫上的搜索行为，包括搜索指数、热销指数、倾向指数、喜好度（TGI）等方面的信息。通过淘宝指数，用户可以窥探淘宝购物数据，了解淘宝购物趋势。淘宝指数不仅针对淘宝卖家，还面向淘宝买家及广大第三方用户。阿里巴巴同时承诺将淘宝指数作为免费服务提供，使其成为一款精准的中国消费者数据研究平台。

阿里指数是由阿里巴巴技术部数据仓库部门经过长达 1 年的调研、规划、研发推出的，用于反映电商平台市场动向的数据分析平台。阿里指数于 2012 年 11 月 26 日正式上线。阿里指数主要根据阿里巴巴网站每日运营的基本数据，包括每天网站浏览量、每天浏览人次、每天新增供求产品数、新增公司数和产品数等五项指标统计计算得出。

与淘宝指数相比，阿里指数更加贴近企业用户，更能够反映某个特定行业的供求信息和行情走势。

百度指数是基于海量的百度搜索数据推出的数据分享平台。虽然百度是一个通用的中文搜索引擎，百度指数也不是直接针对工商行业的，但是由于百度是当前全球最大的中文搜索引擎，汇集了海量的中文网页数据和网民搜索数据，因此百度指数已经成为中文互联网上最重要的数据统计分析平台之一，是众多企业营销决策的重要依据，对工商行业来说同样是非常有意义的。通过百度指数，用户能够了解到某个关键词在百度的搜索量、一段时间内的涨跌态势、相关的新闻舆论变化，以及与关键词相关的网民构成和分布情况，而这些信息都能被用于帮助企业开展网络营销。

目前，百度指数提供的主要功能模块包括基于单个词的趋势研究（包含整体趋势、PC 趋势和移动趋势）、需求图谱、舆情管家、人群画像，基于行业的整体趋势、人群属性、地域分布、搜索时间特征等。如果将某个商品名称直接作为搜索关键词，利用百度指数进行分析，就有可能得出有价值的商业信息。相比淘宝指数和阿里指数只针对电商平台的内部数据，百度指数面向整个中文互联网，反映的信息更全面。

总体来说，大数据时代，电商的运营和发展呈现出不同于以往的趋势和特点。虽然电商的本质和目的并未发生根本性变化，但是电商自身的运行规律可能已经在悄悄改变。工商行业在运行过程中产生和累积了大量的数据，这些数据反过来又通过大数据服务对行业本身产生巨大的影响，形成了一种“反作用力”。而大数据本身，将有助于我们站在更加宏观的视角去重新认识电商、审视电商，去研究一些以往能想到却无法操作和实施的内容。透过海量的、多元化的电商大数据，我们能更加深刻地探究和理解工商行业的内在规律和未来趋势。

（二）电商与商业伦理

当在互联网上经营、管理商务的时候，电子商务是一个真正意义的道德实践问题。信息技术和网络的诞生使人类的商务活动出现了新的情况和特征，从而产生了传统企业伦理与电子商务企业伦理的关系问题。Beverl Kracher 和 Cynthin L Corrito 认为，尽管电子商务表明自身有许多新的方法，但电子商务伦理并非是异于传统企业伦理的特殊伦理，两者在伦理原则和规则层面上基本是相同的。如果说存在着差异，那就是在最为具体的层面上电商伦理有不同的表现形式及范围。对这一观点的论证可以通过电子商务伦理两个领域的探讨来进行，即电商当前的伦理问题和伦理规则的研究。

1. 电子商务伦理的主要问题及其表现特征

电子商务伦理的核心问题是访问（access）问题；知识产权问题；隐私和知情权问题；儿童保护问题；信息安全问题及新人问题。

（1）知识产权问题

这是一个在电子商务和传统商务中共同存在的伦理问题，然而，在电子商务中，这一问题有着不同的表现和范围。Naster，一个因特网的电子商务企业论证了这种不同。传统的音乐爱好者是从零售店购买磁带、CD 唱片的，尽管版权侵犯被视为非法，但许多人仍生产和复制磁带或 CD 唱片，并把这些复制品送给朋友。但是，由于缺乏价廉和有效的销售体系，这种做法是有限的。但这种情况被 Naster 彻底改变了。Naster 发展了一个基于因特网的音乐网站，能够使个人使用计算机来享受他们购买的音乐、歌曲等。任何一个 Naster 订阅者都可以搜索完整的 Naster 网络，以寻找订阅歌曲，然后下载到自己的电脑上，并同时保存到 CD 上。这个网络是非常巨大而流行的，其全盛期大约有超过 1.57 百万个订阅者。当美国法院宣布 Naster 违背了版权法时，他们的侵权范围远远超过了到目前为止传统的侵权范围。

（2）电子商务隐私和知情权问题

如果我们在传统店铺给出个人信息，我们不期望店员把我们的购买习惯跟踪彻底并监控我们在其他地方的购物。但是，这种情况在电子商务活动中是完全可能的。当我们访问一个典型的可鉴别用户信息的零售站点时，一个未经我们许可而放置在我们计算机硬盘驱动程序上的 Cookie 文件就可跟踪用户购买信息。例如，我们先前访问过什么站点，当我们离开这个站点的时候我们又去了什么地方，这些信息可以和其他的电子站点的 Cookie 文件相结合，从而为市场营销者提供完整的复合站点的购物信息。同时，还可能与脱机的个人信息相联系。这样，在电子商务世界中，隐私和知情权有一个明显而不同的表现；同样的，在其他方面，个人信息的被搜集在电子商务世界中发生的频度远远高于传统商务。

（3）儿童的保护问题

对此问题我们通过儿童与色情文学的关系加以阐述。在传统商务世界中，儿童通过杂志、录像店或者电视来接触色情文学；然而，在电子商务世界中，儿童接触色情文学的范围和易入性都在发生着巨大的变化。所有网站对任何一个儿童来说都可用家中的计算机来访问的，即使在没有任何检查或者订阅的情况下也是可行的。

（4）安全问题

我们仍主张与传统商务相比，电子商务中伦理问题有着不同的表现形式及范围的无限拓展。为了证明这种差异，我们可以考虑一种在传统商务中的通常行为，这种行为无须多虑但有一个安全风险因素。例如，我们在饭店就餐时，人们通常把自己的信用卡给侍者以付账，尽管侍者可能悄悄地复制信用卡，然而，为了购买商品而提供信用卡信息给网站被认为是非常危险的事情，以至于许多人免于在线交易。问题不是担心电子商务公司是否会窃取信用卡号码，而是他们的信用卡号码必须通过线路传输而达到 EC 机，在这个传输过程中，信用卡号可能被与 EC 企业无关的人悄悄地复制。至于范围，由于因特网的广阔性，信息安全的破坏性范围可能全球化并且影响数百万人。由于安全缺陷所导致的结果及涉及的范围，往往使安全问题在电子商务中处于一个极为突出的地位。

2. 电子商务伦理规则

在电子商务伦理中，一个基本的问题是：在电子商务环境下是否有特殊的道德准则，或者，是否电子商务应该简单地使用传统商务中相同的伦理准则。电子商务伦理规则基本上不同于传统的商务伦理规则，但我们并不能因此认为，有完全异于传统的特殊的电子商务伦理。对这一问题展开的讨论和阐述如下。

首先，探讨不同层级的伦理抽象。不同层面伦理抽象的判别是由它们各自的特殊性所决定的，具体划分为，一般的道德原则和观念、道德标准和规则、具体的道德劝告和指令。在总体或一般的层面上，有具体的道德原则，它说明了整个道德体系的思想。例如，一个道德原则是绝对命令，而另一个例子是美德论思想。基础的道德原则和观念是最基本的，它们太概括以至于看清它们如何应用于日常实践中往往是比较困难的。例如，运用绝对命令来分析出售电子商务网站中搜集的个人信息是否可以接受是很困难的。对一个管理者来说，分析提供给每个男女雇员均等的休假是否正义或不正义同样是困难的。

道德水准和规则是截然不同于道德原则和观念的，从而组成第二层级的道德层面。它们为判断一个人的行为特征提供了行为规范，并且展示了一种真正生活化的行为，这一层面是基础性的，道德原则通常是做不到的。例如，确保知情权、信任、诚实等道德规则。尽管道德准则与道德原则相比是具体性的，但是，对于一个更为具体的环境下的行为而言，则是不够的。

关于电子商务伦理规则的一个例证。我们思考电子商务在线客户个人信息的使用问题，为了购买、获得服务和信息，（在线）顾客通常提供个人信息给商家，并且实施他们的在线行为。许多电子商务企业认为，如此个人信息是一笔企业资产，并相信它能够通过卖给其他公司而产生利益。

我们将运用电子商务中个人消费者信息问题论证不同层面的伦理抽象并对传统商务伦理与电子商务伦理两者之间的关系问题做进一步的探讨，最后，任何一个企业如何使用顾客个人信息，通过基础性伦理原则和观念、效用和美德伦理用来证明其正当性问题。这对于从事任何一种好的、正当的商业事务来说，都是必需的。中间层面的规则和水准具有一种实践力量，以指导任何企业，即什么时候及如何使用顾客个人信息才是正当和道德的。伦理道德不同层级的比较结论为：电子商务与传统商务伦理的分歧在于具体的道德层面上。

其次，分析存在特殊电子商务伦理观点的原因。尽管这一问题的出现可能是因为人们合并不同层面的伦理抽象而导致，当这些不同层面的道德抽象合并的时候，具体层面是最常见和常用的，并支配着其他两个层面。因为，具体层面是由“劝告”和“指令”组成的，对于电子商务来说是严谨的。它给了人们一个虚假的印象：与传统的传统商务伦理相比，有一个特殊的电子商务伦理。然而，在电子商务中，有一个具体的伦理劝告和道德指令并不意味着有一个独特的叫作电子商务伦理的伦理。再如，一个账目清算伦理规则并不意味着有一个独特的叫作“账目清算伦理”的伦理。电子商务没有一个独特的伦理原则、观念、标准和规则，但电子商务有一个在我们生活方方面面的应用中关于伦理原则、观念、标准和规则的特殊表现[①]。

我们进一步从企业组织形态的演进及电商企业的特征来阐明电商伦理发生的承载主体，以及伦理问题存在的技术空间和商务活动空间。与传统企业相比，电商企业组织有其独有的特征。进入20世纪90年代以来，一种基于互联网、以交易双方为主体、以银行电子支付为手段、以客户数据为依托的全新商务模式——电子商务诞生了。与此同时，电子商务对传统企业的再造工程也随之启动，一种新型的企业组织形态——电子商务企业组织产生了。

从商务的角度来讲，电子商务是指以计算机技术、通信技术、网络技术为支撑的企业商务活动，其研究对象是企业的商务活动。从企业组织理论的角度讲，传统企业要开展真正意义的电子商务，实行基于网络的商务运作模式，就必然会产生一种有别于实体组织、虚拟组织的新型组织形态——电子商务企业组织。因此，从组织形态的角度来讲，电子商务企业就是指传统企业通过计算机技术、通信技术和网络技术三大技术平台来配置资源、进行生产的一种组织形式。

传统企业一旦成功地向电子商务企业转型，其组织形态就必然产生如下特征。

（1）强大的技术基础

企业的电子商务平台是建立在计算机技术、通信技术和网络技术三大技术平台之上的。

（2）组织创新

①组织结构的创新。随着电子商务在企业的实施，原有的那种“金字塔型”组织结构已经失去了存在的根基。企业内部由于广泛运用信息技术，组织结构不再受到管理幅度的限制，企业可以尽量地减少管理层次，扩大管理幅度，改

① 周延元．电子商务企业道德自律研究：基于唯物辩证法元层次视域[M]．西安交通大学出版社．2017：15.

变信息传递机制，节约管理费用；传统的“金字塔”官僚管理结构也不能再适应当代电子商务企业敏捷灵活、高效快速的经营方式。

②组织边界的扩张。20 世纪 30 年代，科斯提出企业的根源在于企业可以节约市场交易费用。企业组织替代市场尽管可以节约交易费用，但是，企业组织中的交易也是有费用的。当企业组织扩大时，企业内部追加交易的成本可能会上升，以至于通过企业内部交易的成本与市场交易的成本相等，这时，企业规模的扩张就停止了，企业规模与市场规模处于一种“均衡状态”。相对于市场交易而言，电子商务能给企业组织节约更多的内部交易费用，由此，企业可以进一步扩张。

③组织体制的变化。组织体制的最大变化就是实施电子商务运作的企业在为知识的流动、共享提供硬件设施的同时，还设立了知识主管（CKO) 一职，并辅助以专门的知识管理部门，负责企业知识的积累、共享、利用、创新、扩散，加快企业知识转化为生产力的脚步。知识管理部门下设了信息管理部、技术开发部、组织学习部、人力资源部、客户关系管理部等。

（3）企业组织职务——任务团队

当组织结构围绕小组而不是个人来进行设计时，结果就组成了任务团队。电子商务企业将越来越多地利用跨职能的任务团队。

（4）独特的企业文化。在电子商务企业模式下，员工的工作时间更具有弹性，工作范围全球化、工作场所不受空间限制，员工更多地依赖自身的知识和创新能力，并逐步摆脱机械设备、原材料、工作条件和岗位的束缚，从而找到内在的自由和平衡。这就需要企业建立一系列新观念、新制度来进行人力资源的开拓，从而形成既具有电子商务特色又包含有传统企业文化的新兴电子商务企业文化。

第三节　互联网消费经济的实现

一、阿里巴巴数字经济体模式

中国信息通信研究院发布的数据显示，2017 年，中国数字经济规模为 27.2 万亿元，占 GDP 比重达到 32.9%，同比名义增长超过 20.3%。中国数字经济规模持续高增长，传统行业纷纷“触网”转型升级，共同创造了企业数字化的大趋势。

（一）前端触手深入用户全方位场景

与驱动了第一次工业革命的蒸汽机、第二次工业革命的电一样，数据是数字经济时代最核心的能源。为了获取数据资产，阿里巴巴从最初单一的淘宝、天猫电商平台，通过投资、收购和孵化已构建起一个丰富多元化、深入用户全方位场景的前端商业毛细血管，每分每秒源源不断地为阿里巴巴挖掘和输送数据信息。阿里巴巴官方估算，其战略投资的资产当前价值已达 800 亿美元。仅 2018 年，阿里巴巴集团就投资了 64 家中国企业、16 家海外企业。

1. 实物类商品交易场景

阿里巴巴的实物类交易部分包括以淘宝、天猫为主面向国内消费者的电商业务，以盒马鲜生、银泰为代表有线下主体的新零售业务，以速卖通 Uzada 为代表服务国外消费者的电商业务，以及 1688、阿里巴巴国际站面向国内外中小企业的 B2B 批发业务。

①国内电商。淘宝是孕育出阿里巴巴整个经济体的母体。依托于淘宝网，阿里巴巴衍生出了支付宝、淘宝商城、阿里妈妈、阿里旺旺、阿里软件（阿里云）、淘宝大学、菜鸟等一系列商业模式。

2013 年，淘宝 GMV 突破 1 万亿元，占阿里巴巴中国零售业务总交易额的 71.4%。此后淘宝增速放缓，从淘宝分离出来的天猫进入快速增长期，于 2015 年 GMV 突破万亿元。截至 2018 年 3 月 31 日，阿里巴巴 2018 财年数据显示，其中国零售市场 GMV 达到 4.82 万亿元，其中淘宝 GMV 为 2.689 万亿元，天猫 GMV 为 2.131 万亿元。

与淘宝的 C2C 不同，天猫的 B2C 模式成功带动品牌商开展电商业务，将商业数字化渗透进企业。以天猫标志活动“双十一”为例，2018 年“双十一”，天猫平台实现 2 135 亿元的销售额，参与的品牌超过 18 万个，诞生了 237 个单日销售额破亿元的品牌。比如，苹果、华为、小米、美的、海尔等一批消费电子品牌单日销售额突破 10 亿元。

淘宝和天猫通过连接商品和消费者，成功在线化了商品数据和消费者行为。2019 年 3 月，阿里巴巴任命淘宝总裁蒋凡兼任天猫总裁，将天猫和淘宝统一运营，分开十多年后二者又一次合体。截至 2018 年 12 月底，阿里巴巴中国零售平台的移动月度活跃用户达 6.99 亿，年度活跃消费者达到 6.36 亿。

②新零售。盒马鲜生和银泰商业是阿里巴巴探索新零售模式的实践者。此

外，阿里巴巴还投资了大润发、三江购物、联华超市、苏宁云商、居然之家等传统零售业态。通过盒马鲜生和银泰实践，阿里巴巴的最终目的是结合其线上数据流量、支付等服务赋能线下，实现线下商业体的数字化、在线化，打通线上线下人、货、场。

盒马鲜生是阿里巴巴对线下超市完全重构的新零售业态，集超市、餐饮、菜市场于一体。消费者可到店购买，也可以在盒马 APP 下单，在门店附近 3 公里范围内，盒马鲜生可以 30 分钟送货上门。盒马鲜生的用户月购买次数达 4.5 次，坪效是传统超市的 3 ～ 5 倍。其线上订单占比超过 50%，营业半年以上的成熟店铺线上占比可达 70%。

与传统零售相比，盒马鲜生运用大数据、移动互联、智能物联网、自动化等技术及先进设备，实现人、货、场三者之间的最优化匹配，店内挂着金属链条的网格麻绳都是盒马全链路数字化系统的一部分。盒马鲜生的供应链、销售、物流履约链路也实现了完全数字化。从商品地到店、上架、拣货、打包、配送任务，作业人员都是通过智能设备去识别和作业，简易高效，而且出错率极低。整个系统分为前台和后台，用户下单 10 分钟之内分拣打包，20 分钟实现 3 公里以内的配送，实现店仓一体。

截至 2018 年底，盒马鲜生自营门店数量达 109 家，主要位于一线和二线城市。盒马鲜生模式跑通后，其数据能力和技术能力已开始对合作伙伴开放共享，其新零售能力已经向三江购物、大润发、居然之家等阿里投资的线下零售业态输出。据了解，阿里巴巴已经帮高鑫零售（大润发母公司）完成约 470 家门店的数字化，赋能门店更好地管理其零售系统、支持消费者从手机淘宝下单订购，并通过阿里巴巴集团的外卖配送平台来保障配送服务。

③跨境电商。B2B 是阿里巴巴的起家业务。阿里巴巴国际站是让供应商和国外的采购商在线完成信息撮合，1688 则是面向国内采购商的在线批发平台。2012 年，1688 从信息平台转向交易平台，逐渐发展成国内优质货源在线集散地，并向全球市场开放供货。如今，已有近 50 万中小企业通过 1688 跨境平台为速卖通、亚马逊、Wish、eBay、Lazada 等平台提供服务，遍布全球 220 个国家和地区。

跨境零售方面，阿里巴巴目前有四个业务，包括全球速卖通、天猫国际、天猫出海、Lazada。全球速卖通是阿里巴巴面向海外买家的 B2C 在线交易平台，被称为“国际版淘宝”，通过支付宝国际账户进行担保交易，使用国际快递发货。全球速卖通是全球第三大英文在线购物网站，拥有 18 个国家语言站点，海外成交买家数已经超过1亿，其中三分之二的销售来自俄罗斯、美国、巴西、法国等重点国家。Lazarla是阿里巴巴投资的东南亚最大在线购物网站之一。天猫国际主做进口业务，天猫出海主要面向海外华人市场。

2. 本地生活服务场景

本地生活服务板块包括口碑、饿了么、淘票票、飞猪、高德地图等，主要完成对非实物类消费场景的触达。其中，口碑、饿了么主要针对餐饮企业数字化、在线化提供到家和到店服务，同时饿了么的蜂鸟物流也接入阿里巴巴的新零售系统，为大润发、欧尚、三江购物、新华都、中百超市、顺客隆等门店提供配送服务。淘票票为在线票务平台，飞猪为在线旅游平台，高德地图为阿里巴巴生态体系提供基础的地图服务。

3. 数字媒体和娱乐场景

数字媒体和娱乐业务是阿里巴巴从物质消费走向精神消费的重要布局，包含优酷、土豆、阿里影业、UC、大麦等，通过泛娱乐内容触达用户的精神消费需求。大文娱始于阿里巴巴双H战略的一环。从2014年，阿里巴巴陆续在文学、音乐、游戏、影业、视频和体育业务上重金收购、布局。2015年阿里巴巴45亿美元现金收购优酷，第一次明确显露出从电子商务世界向更大商业世界拓展的野心。

相较于核心电商业务的持续强劲增长，阿里巴巴的数字媒体和娱乐业务一直处于亏损状态。阿里大文娱5年时间轮替10位核心高管。阿里巴巴也一直尝试电商与数娱业务的协同效应，在直播最火的时候和优酷一起尝试边看边买，引导用户在观看视频的同时完成购买。阿里巴巴最新推出的88元VIP会员服务，完成了旗下电商和文娱各板块会员权益的打通。

（二）四大模块打底基础设施层

阿里巴巴新的战略目标是提供数字商业时代的基础设施服务，包括物流基础设施菜鸟、企业数字化管理云平台钉钉、支付和金融基础服务设施蚂蚁金服及技术和数字化营销平台阿里妈妈。四大基础设施是阿里巴巴在服务C端消费者过程中沉淀的操作系统能力，共同支撑前端场景的数字化和智能化。

1. 物流基础设施：菜鸟

菜鸟网络是阿里巴巴集团核心电商业务的战略基础设施，于2013年由阿里、顺丰、三通一达（申通、圆通、中通、韵达）等共同组建。2017年阿里巴巴增资菜鸟后，占股提升到51%。菜鸟的目标是搭建中国智慧物流骨干网络，通过连接电子商务企业、物流公司、仓储企业、第三方物流服务商等各类企业，完成物流订单的聚合，依靠大数据、人工智能实现物流流通效率的提升。菜鸟已经分别与杭州、香港、吉隆坡、迪拜、莫斯科、烈日等地方达成协议，在其建立 EHU（数字中枢），将打造六大世界级物流枢纽，共同联通智能物流骨干网。菜鸟的目标是实现 24 小时货通全国、72 小时货通全球。

2. 办公基础设施：钉钉

钉钉是阿里巴巴为企业办公场景提供的管理沟通工具，帮助企业实现组织在线化管理。2018 年 6 月，钉钉推出与手机淘宝打通的智能导购产品，门店导购员使用钉钉提供的新零售工作台和“种草”“业绩 FI 报”“营销闭环”等组织化营销工具，实现了线上线下业绩拉通。从消费者、导购员、商家运营到阿里小二，钉钉已经打通新零售整个链路中最重要的一环——人的在线化，推动企业的数字化转型。目前，钉钉的智能导购产品已经覆盖上千个品牌、20 万家门店。钉钉上的企业组织数已超过 700 万家。钉钉产品体系涵盖“人、财、物、事”四大场景，是传统企业组织升级为新组织、完成全域数字化转型的助推剂。

3. 支付和信用基础设施：蚂蚁金服

蚂蚁金服是阿里巴巴基于支付宝生长起来的金融基础设施，旗下有支付宝、余额宝、招财宝、蚂蚁聚宝、网商银行、蚂蚁花呗、芝麻信用等子业务板块，涵盖支付、小微贷、消费贷、理财、保险等。支付宝 APP 除金融服务外，还提供水、电、煤气缴费等生活服务及签证结婚等政务服务，全球用户数已超过 10 亿，覆盖全球 54 个国家和地区。2018 年蚂蚁金服完成 140 亿美元融资，对应估值高达 1 500 亿美元。

4. 数字化营销基础设施：阿里妈妈

阿里妈妈是阿里巴巴基于全系流量的数字化营销基础设施，贡献了阿里巴巴大部分收入，拳头产品有直通车、钻石展位等。

（三）阿里云打造产业互联网智能引擎

在不同时代的商业环境下，阿里巴巴集团有不同的驱动引擎。从最初的现金奶牛 B2B 养大淘宝，到天猫担任主引擎孵化菜鸟、阿里云，再到新的产业互联网时代，阿里云成为整个阿里数字商业经济体的底层核心引擎。

2018 年 11 月，阿里巴巴最新一轮组织架构调整中，阿里云升级为阿里云智能，阿里巴巴 CTO 张建锋兼任阿里云智能事业群总裁。阿里巴巴整合全集团技术团队，将集团中台和达摩院的技术力量与阿里云全面结合，目标是构建数字经济时代面向全社会基于云计算的智能化基础设施。

云计算作为阿里商业操作系统的底层，支撑了整个数字经济创新。云计算不仅帮助IT基础设施在线，应用最新的数字技术，更重要的是实现智能化的店铺选址、货品分析、人员分析等。2019年3月，阿里云十周年大会上，首次出台的张建锋详细陈述围绕IT基础设施的云化，核心技术的互联网化，应用的数据化和智能化三个关键点，阿里云升级为“云上的阿里巴巴”，未来阿里巴巴所有的技术，将通过阿里云对外开放输出。目前，阿里巴巴已经构建了覆盖全球49个国家与地区的IT基础设施，达摩院的人工智能创新将帮助阿里实现对几十种语言方向的机器翻译，使100万中小企业可以在没有语言障碍的情况下进行全球贸易。

阿里云智能主要面向2B企业服务。除了服务阿里巴巴经济体内的消费类企业，阿里云还将向工业、医疗健康、制造、电信、交通、能源等社会产业结构的各方面渗透。

2018年，阿里云营收规模达到213.6亿元，首次突破200亿元大关，4年间增长了约20倍，成为亚洲最大的云服务公司。在中国市场上，阿里云的市场份额相当于第2名到第9名的总和，40%的中国500强企业、近一半中国上市公司、80%中国科技类公司在使用阿里云。

（四）融合升级的数字商业操作系统

2018年阿里巴巴CEO张勇首次对外提出“阿里巴巴商业操作系统”，将其定义为数字经济时代独特的商业基础设施。2019年1月，张勇正式发布了一张阿里巴巴商业操作系统蓝色星图，系统以云智能为底层大脑，围绕消费者转动的商品、品牌、渠道、新零售、新制造等源源不断产生数据，组织、物流、金融等服务则融合连接前端数据与云主干道。在阿里巴巴的操作系统中，各个链条环节既产生数据，又运用数据，形成一个庞大而丰富的有机循环。

这套操作系统是阿里巴巴创立二十年来，在人、货、场全面数字化基础上形成的从数据到技术的全能力，覆盖新零售、数字化分销、数字化营销、数字供应链、数据驱动产品创新和新制造全链条。阿里巴巴商业操作系统的关键不是单一模块，而是加起来输出一套系统能力。将阿里巴巴体系众多分散的商业产品整合成一套系统，整体帮助企业完成“品牌、商品、销售、营销、渠道、制造、服务、金融、物流供应链、组织、信息技术”11大商业要素的在线化和数字化。

以星巴克为例，2018年星巴克与阿里巴巴达成新零售战略合作，全面接入阿里巴巴商业操作系统。基于天猫、淘宝、饿了么、盒马鲜生、支付宝等多个核心业务，星巴克上线了虚拟门店帮助星巴克在阿里生态系统内管理多个数字化消费者运营平台，实现不同消费场景下会员注册、权益兑换的互联互通。消费者无论在淘宝、支付宝、饿了么还是星巴克APP，都可同样实现外送、送礼和购买卡券的功能。其中，星巴克与饿了么合作的“专家送”外卖业务，短短4个月就完成了30个城市2 000多个门店的三公里范围覆盖。与盒马鲜生合作的“外送星厨”，将星巴克的咖啡和盒马鲜生里上万个SKU联动，让“咖啡+蛋糕”“咖啡+包子”成为新的销售组合。星巴克还与阿里巴巴旗下的淘票票结合，尝试买电影票同时买杯外卖咖啡。与阿里巴巴商业操作系统的全面合作，让更多的消费场景被挖掘出来。

阿里巴巴对品牌商已不仅仅是个电商渠道，而是从组织在线化、渠道在线化到营销、制造都形成了协同的赋能效应。

二、腾讯互联网衔接双边C2S2B模式

2018年11月举办的腾讯全球合作伙伴大会上，马化腾提出了腾讯的转型方案:“移动互联网的上半场已接近尾声，下半场的序幕正在拉开。伴随数字化进程，移动互联网的主战场，正在从上半场的消费互联网，向下半场的产业互联网方向发展……”为此，腾讯整合成立了两个新的事业群——云与智慧产业事业群（CSIG）、平台与内容事业群（PCG），分别承担着消费互联网与产业互联网生态融合、社交与内容生态创新的重要探索使命，标志着腾讯正式开启以数字化技术服务平台衔接消费与产业两端的C2S2B模式。

（一）消费端入手撬动产业端数字化

腾讯由消费端入手，通过数字化能力赋能传统企业，撬动产业端数字化，形成了C2S2B，即由服务商平台（S）连接用户（C）与产业（B）的模式。用户处在该模式的核心位置，服务商通过协同各类企业（B）来完成对用户的服务。

基于社交平台上的海量用户行为信息数据，腾讯以微信平台为基础，通过微信支付、小程序、企业微信、腾讯云、腾讯广告等腾讯产品不断由C端向B端聚合。用户的需求通过微信社交网络产生并传达给产业端，产业端通过微信及其衍生产品将解决方案交付给用户，用户对产品的反馈信号再次通过微信网络被产业端接收，以此产生一个不断迭代处理生产与需求关的动态闭环。这里的产业端包括零售上游产业、政府部门、游戏厂商及医疗服务提供商等，腾讯通过用户反馈信息不断提升服务产业端的能力，产业端通过腾讯赋能不断提高面向用户的服务水平。

（二）企业微信用连接赋能智慧管理

1. 建立企业内部的网络化协同

企业微信是腾讯衔接用户与产业端的新平台，其最基本功能是为企业用户提供可管理的企业通讯录，通过提供与微信一致沟通体验与开发接口，将员工搬上企业微信，实现“员工—企业—办公系统”的连接，加快企业内部信息流转，从而提高企业的组织协同和生产效率，也为企业开始连接外部打下基础。

2. 与微信互通赋能企业智能管理

2018 年 3 月，企业微信与微信消息互通内测，使其更好地扮演了“企业的专属连接器”这一角色。伴随着小程序、企业支付等功能的逐步开放，企业微信的价值从“互通”工具升级为企业数字化管理工具，通过为企业提供基础通信能力、应用集成能力、开放能力和连接微信的能力，帮助企业连接内部组织与系统、连接产业上下游和连接 C 端消费市场。以奈瑞儿为例，在半年时间内，奈瑞儿在全国的美容师们通过企业微信添加好友的门店熟客人数达到 8 万名，企业可以通过系统进行统一管理。此外，奈瑞儿还支持客户通过企业微信的小程序进行服务预约、套餐管理、会员消费等，为消费者提供了更佳的服务体验；美容师则应用企业微信实时接收客户预约记录、消费记录等，帮助其为客户提供有针对性、个性化的服务。

3.SaaS 模式降低企业数字化成本

数据显示，国内大部分的企业在进入“数字化”阶段前，甚至未能完成基本的信息化改造。而完成信息化改造的大中型企业，通常会通过自主研发 APP 来实现公司系统与员工之间的连接，但这种方式会带来高操作成本、高维护成本及高推广成本，无法真正激励员工使用，员工业务流转依旧停留在 PC 端。此外，传统信息化的连接往往局限于企业内部，企业的能力无法真正地向外延展，难以高效触达外部的 C 端客户及供应链上下游企业。企业微信以 SaaS 模式提供的基础功能，如 IM、通讯录、文件盘等可供企业用户免费使用，而专业垂直的客户关系管理、员工培训等工具则可使用由第三方服务商统一开发的免费标准化应用，大幅降低了企业“数字化”改造成本。2018 年 11 月发布的《企业微信与政务微信行业发展白皮书》显示，超过 78% 的企业开发企业微信投入仅在 20 万元以下，50.58% 的企业运营企业微信年成本在 1 万元以下，71.31% 的企业运营人数仅需不到 5 人，企业微信有效地为企业降低了信息化和数字化的成本。

4. 助力企业扁平化管理释放人效

借助企业微信管理工具，企业可以实现扁平化管理，提升了企业管理效率的同时，也能进一步释放员工个人的价值和能量。以长安汽车为例，传统管理模式下，经销商反馈的问题很难快速锁定具体原因，需要单独邮件或电话联系到各个处理人，信息传递和结果反馈缓慢。通过使用企业微信，经销商反馈问题后，可将各个处理人拉入 QTM 系统共同讨论，迅速锁定原因并输出解决方案，效率提升了 15 倍。

（三）腾讯云打造 C2S2B 技术中台

1.2C 与 2B 结合的基础设施平台

腾讯云是面向企业和个人的公有云平台，为开发者提供云服务器、云数据库、云存储和 CDN 等基础云计算服务，以及游戏、视频、移动应用等行业解决方案。

在外部连接上，腾讯云的服务案例既包含 2B 业务，也包含 2C 业务，是一个横跨消费互联网与产业互联网的平台，其客户既包括大众点评、58 同城、摩拜等 C 端产品，也利用技术和解决方案帮助金融、零售、政务等 C 端客户取得数字化进步。最终，腾讯云可以集成各垂直行业从供给端到需求端的全链条数字化解决方案。

2. 搭载各垂直行业解决方案

腾讯基于近 20 年互联网技术与服务经验、遍布全球的数据中心及数千人专业团队，已为游戏、视频、金融、零售、电商、交通等行业中的近 200 个业务场景提供全线解决方案，满足产业上云需求。此外，腾讯云与腾讯 AlUb、优图实验室、微信 AI 等内部 AI 团队协作，开放腾讯在计算机视觉、智能语音、自然语言处理等方面的人工智能科技能力，使之与各行业业务场景相结合，极大地加速了行业智能化进程。

3. 基于云平台推进产业互联网转型

基于 C2S2B 模式的核心逻辑，以腾讯云为底层平台的解决方案已经在城市、医疗、工业互联网、零售、金融等行业领域中加速落地，并取得了一系列相当令人瞩目的成绩。

在城市领域，腾讯深耕政务云市场，相继推出警务云、政务云、工业云、税收云、气象云等不同类型细分服务，还围绕云计算、大数据、LBS、安全、支付等核心能力，为党政部门、企事业单位等提供专业技术支撑。

在医疗领域，腾讯觅影被称为超级医疗大脑，在过去的一年中已与 100 多家三甲医院落地合作，利用AI影像、NLP等技术，累计辅助医生阅读医学影像超1亿张，服务90余万患者，提示高风险病变13万例。

在工业互联网领域，腾讯云还发布了工业超级大脑下的智能制造解决方案，并以开放的工业互联网助力平台为基座，推动工业互联网平台、工业A+、区域工业互联网等场景快速落地。

在零售领域，以永辉超市为例，通过接入腾讯云零售超级大脑，选品品类整体销量效果优于其他同类门店近1倍，优客销量预测准确率大幅提升。

在金融领域，腾讯云与国内多家银行和保险机构展开合作，借助金融超级大脑提供的智能化金融科技能力，帮助金融机构提升营销效率，控制业务风险，实现金融服务的创新升级。

三、苏宁智慧零售C2B模式

2017年始，我国线上线下零售业态从竞争关系转向相互赋能，商务部也将“零售数字化创新发展报告”编入《中国电子商务报告（2017）》。苏宁在智慧零售理念落地过程中，全力推进新一代零售转型，成为线上线下融合发展、创新变革的重要样本。

（一）以用户为中心做全做精消费场景

1. 围绕用户生活半径布局立体场景

①线下搭建“两大一小多专”智慧零售业态集群。其中，苏宁广场、苏宁易购广场主打复合消费场景，承载了苏宁智慧零售科技应用及体验创新；苏宁小店作为连接器，实现消费者与商品“5分钟”可达的同时，把苏宁其他业务板块细分植入离消费者最近的线下市场；苏宁易购云店、红孩子、苏鲜生、苏宁体育、苏宁影城、苏宁极物等专营店打造品质消费。通过多平台、多业态的场景组合，苏宁已形成零售行业中最完整的消费生态。截至目前，苏宁合计拥有各类互联网门店5 000多家。

②“智慧零售技术星象图”环绕用户。苏宁把消费者比喻为“太阳”，围绕消费者这颗恒星去打造苏宁零售业态的行星系统。基于与消费者的距离，在消费者1米范围内，苏宁易购主站平台提供网络消费服务；10米范围内，搭载了语音识别、交互技术、物联网技术的苏宁小Biu智能音箱提供智能终端服务；500米范围内，应用重力感应、人脸识别、机器人技术的无人货架、智能货架、巡游机器人提升消费便捷性；3公里范围内，苏宁无人Biu店、苏宁极物店、苏宁小店、苏宁易购县镇店等多元业态高密度覆盖客群；3公里范围外，苏宁

易购生活广场、苏宁云店、苏宁影城等以创新技术把智慧零售体验最大化。该星象系统全面组合了苏宁的智慧零售业态，它的有序运行意味着消费者可以在任何时间、地点通过苏宁满足吃、穿、住、娱等全方位需求。

2. 做精单一门店提升场景转化

①打造苏宁小店新场景。苏宁小店是基于场景定位对实体流量进行线上线下双中心运营及智能化服务的智慧零售便利店模式，其思路是先以快消品 + 生活服务类产品组合培养用户消费习惯，再作为流量入口嫁接到苏宁零售大生态中。场景定位方面，小店以门店为物理载体细化消费场景，分为店内、2 公里内、2 公里外两个服务范围，并围绕社区、CBD、大客流区布局五种店面模型，提供差异化的商品结构。线上线下融合方面，用户在线上通过小店 APP 完成预订、购买等消费行为，在线下则可享受门店自提、扫码购物、家政、缴费等服务体验。未来，小店还会接入金融、药店、娱乐消遣、政务办理、数码办公等场景，以便利店场景的极致体验去持续提升用户黏性。

②对线下店进行精致化改造。2017 年苏宁红孩子店在商品销售的基础上增加了游乐、培训教育等更多体验消费场景，红孩子母婴专业店销售收入及坪效均同比增长 42.15%。苏宁易购直营店通过强化经营质量管控，销售收入及坪效分别同比增长 34.90%、34.18%。

3. 打通会员体系实现场景互通

打通线上线下多场景会员体系是智慧零售的底层需求。智慧零售的本质是始终关注用户，全场景会员体系的贯通可从三个层面支撑智慧零售：一是获取更多用户标签，从多维度完善用户两像，支撑个性化推荐和精准营销；二是实现线上线下双向导流，既能基于 LBS 技术将线上流量分发到线下门店，又能通过线上品类优势将线下用户引导到线上消费；三是实现用户全周期管理，由销售产品延伸到全周期服务，培养终身用户。2017 年，苏宁打通零售、金融、文创、体育等会员系统，实现了苏宁生态会员一账通，其超级会员“SUPER VIP”产品为用户提供差异化会员权益，进一步增强了用户黏性。截至 2017 年 12 月，苏宁易购零售注册用户数 3.45 亿，APP 月活跃用户数较年初增长 105.73%。

（二）转变供应链决策方式和伙伴关系

智慧零售时代，供应链决策由自上而下的“产—销—用”模式演变为自下而上的“用—销—产”模式，平台对于品牌商的价值则从渠道转变为智能化的供应链服务。

1. 用数据抓取用户需求实现 C2B 定制

苏宁的智慧供应链尝试由消费端反向驱动生产端生产出消费者真正需要或喜欢的产品，即 C2B 定制，让用户当“产品经理”，以大数据为“数字化设计图纸”，从而实现每一款新品都能精准击中市场。

2016 年苏宁易购与惠而浦联合开发的香薰智能空调因为消费者提供了新的香薰体验而受到热捧，单品销量破亿；2017 年苏宁与美的基于用户数据联合定制的一款全自动变频滚筒洗衣机卖到“脱销”；2018 年体育大年，苏宁易购依托旗下 PP 体育、苏宁文创资源，携手家电企业 C2B 反向定制个性化家电产品，其中不乏已经上市的倍科、巴萨、海信世界杯定制款等冰箱洗衣机产品，2019 年 7 月国米定制冰箱也于苏宁渠道正式亮相上市。

在彩电领域，苏宁利用 6 亿会员大数据，将用户需求与产品研发进行有效整合，与品牌商建立 C2B 反向定制模式，进行精准营销。同时开放自身优势体育资源，包括欧洲五大联赛、中超、亚冠等百亿版权体育内容植入一线彩电品牌硬件中，打造专属内容定制单品。无论用户选择什么样的品牌，都能享受到最全、最多的体育内容。目前，苏宁已联合三星、TCL、康佳三大品牌打造了国米定制版电视，并获得市场的积极反馈。

C2B 反向定制的供应链模式已经得到实例验证，随着苏宁陆续与国内知名品牌合作建立以数据牵引的供应链机制、与品牌工厂进行系统直连，智能家居的新品定制将成为智慧零售的常态。

2. 智能供应链服务向合作伙伴赋能

随着苏宁智慧物流的持续迭代升级，其物流势能开始向供应链上游释放，在平台开放理念下，苏宁已从渠道商转变为供应链基础设施服务商，将通过智慧供应链能力输出从四个维度构建供应链合作生态：以多元智慧仓储和精配送能力为核心能力的服务生态；以精准预测、多渠道、全链路为主导理念的数据生态；以全流程无人化为改造方向的技术生态及聚焦供应链流程创新与再造的管理生态。2017 年苏宁平台上新引入百货、超市、母婴、通信及生活家电品类的商户近 8 000 家，开放平台实现商品交易额 292.36 亿元。

（三）用实人工智能、云、大数据技术

苏宁智慧零售强调运用人工智能、云、大数据等数字化技术改造优化线下实体的零售形态及业务流程，并通过产业延伸推进业态多样化发展和智慧化运营。

1.“五智”改造零售核心环节

苏宁应用人工智能技术从五个核心环节对零售进行智能化改造，简称“五

智”，包括个人分布数据及商品消费模型驱动反向定制式采购，在线及场景销售自动化、自助化，门店前置仓 + 短距离配送直达用户，服务可视化并形成流水型反馈及商品使用在线化。目前，人工智能技术已大量应用于苏宁智慧零售场景中，如人工智能客服“Sunny”和“苏小语”、无人快递车“卧龙一号”等。2017 年 8 月始，苏宁无人店相继落地，刷脸进店、刷脸支付、大数据推荐、颜值测试等前沿科技和创新玩法给消费者带来惊喜，突破了 AI 技术商业化应用的困局。

2. 云计算协调八项业务系统

云计算技术应用方面，苏宁搭建了完整的云生态体系，能够支持苏宁体系内以零售为核心的八大业务系统实现多产业融合、实时交易，具备极速部署、弹性扩容、稳健性能、智能管理等特点。在苏宁的智慧零售规划中，计算技术不仅自用于底层云资源的创新发展，更会结合苏宁多年的零售及信息化转型经验，形成成熟的智慧零售解决方案对外输出，向合作伙伴提供优质云资源和 IT 赋能。

3.200 个数据产品支撑决策

互联网转型过程中，苏宁沉淀了海量消费者数据并形成坚定的数据化运营思维。苏宁现有智慧零售数据产品近 200 个，包括为采购服务的鹰眼、诸葛大师，为销售服务的聚宝盆、烽火台、金矿、神鉴，为用户服务的全景购物、VR 易购、身边苏宁等，均可做到互联网 + 大数据处理、会员画像和高效获客引流。未来，苏宁的数据资源同样会向行业开放。

（四）挖掘三、四线市场智慧零售的商机

传统大零售时代，优质零售资源和利润大头被一、二线城市以百货、商超、购物中心、连锁专营为主的大型零售集团垄断，底线城市的消费诉求被忽略，大量中小零售从业者仍以原始零售形态被摒弃在现代商业社会之外。在网络零售的冲击下，这块长期僵化的巨量市场开始松动，随着线下实体价值重提，底线市场一跃成为互联网巨头争先抢夺的蓝海。据国家统计局数据，2017 年我国社零总额增速为 10.2%，城镇、乡村同比分别增长 10%、11.8%，底线城市消费崛起态势明显。

苏宁于 2016 年底启动的零售云项目被定义为开拓底线市场的新物种，以“加盟店直营化管理”模式面向中小商家输出全场景数字化重构和全价值链平台赋能的智慧零售解决方案。通过零售云平台，苏宁加快渠道深度下沉，快速提高市占率；合作伙伴得以共享苏宁品牌、商品、销售运营、物流服务、IT、金融等核心能力，在智慧零售赋能下重新焕发生命力；底线市场生产力水平落后、数字化程度低、零售专业性不足、基础设施不完善等痛点也获得相应改善，实现产业和消费双升级。

张近东一年前在两会上预判，“智慧零售就是运用互联网、物联网、大数据和人工智能等技术，构建商品、用户、支付等零售要素的数字化，采购、销售、服务等零售运营的智能化，以更高的效率、更好的体验为用户提供商品和服务”。当前，苏宁正在三个维度推进其系列战略安排，一是通过“+品类”和“+渠道”，将线上全品类与线下各类场景针对性匹配，重塑零售业态；二是把苏宁智慧零售技术解决方案打造成开源系统向行业开放，扩大苏宁智慧零售势能；三是通过苏宁全产业资源集合开放，缔结实体商业共同体。

参考文献

[1] 袁培树，陈昕．消费经济学批判 [M]. 上海：格致出版社，2018.
[2] 吴炳新．消费经济学 [M]. 北京：对外经济贸易大学出版社，2016.
[3] 陈承明，李巍．消费经济学概论 [M]. 上海：上海财经大学出版社，2012.
[4] 詹国枢．感官消费 一门全新的消费经济理论 [M]. 北京：中国工人出版社，2018.
[5] 吴金海．消费的时间隧道消费社会理论重构与中国社会消费理解 [M]. 北京：中国社会出版社，2019.
[6] 王微，王青，刘涛．消费性服务业新阶段 发展实践与改革创新 [M]. 北京：中国发展出版社，2017.
[7] 上海市互联网经济咨询中心．互联网经济 [M]. 上海：上海远东出版社，2014.
[8] 郎咸平．郎君一席谈 互联网经济的未来之路 [M]. 桂林：广西师范大学出版社，2018.
[9] 李成钢．互联网经济的理论创新和实践 [M]. 北京：对外经贸大学出版社，2016.
[10] 周子学．信息网络经济下实体经济和虚拟经济的均衡发展研究 [J]. 产业经济评论，2014（03）:11–17.
[11] 刘斐．互联网金融模式与监管 [M]. 北京：中国经济出版社，2016.
[12] 周苏，王文．大数据时代移动商务 [M]. 北京：中国铁道出版社，2018
[13] 邵震寰，沈菁，袁胡艺欣等．移动互联网时代的消费心理与行为 [M]. 上海：同济大学出版社，2019.
[14] 王富祥．消费心理与行为 [M]. 成都：西南交通大学出版社，2013.
[15] 徐盈群．消费心理与行为分析 [M]. 沈阳：东北财经大学出版社，2015.
[16] 易观“互联网 +”研究院．新电商时代 [M]. 北京联合出版公司，2017.
[17] 郭福春．互联网金融概论 第 2 版 [M]. 北京：中国金融出版社，2018.
[18] 李海生，魏中龙 .O2O 现代商业模式的变革与创新 [M]. 中国财富出版社，2017.
[19] 李亿豪．互联网 + 创新 2.0 下互联网经济发展新形态 [M]. 北京：中国财富出版社，2015.
[20] 李海峰．网络融资 互联网经济下的新金融 [M]. 北京：中国金融出版社，2013.

[21] 程雪军 . 互联网消费金融 科技、金融与监管 [M]. 北京：经济日报出版社，2018.
[22] 吕晓永 . 互联网金融 [M]. 北京：中国铁道出版社，2018.
[23] 周苏，王硕苹 . 大数据时代管理信息系统 [M]. 北京：中国铁道出版社，2017.
[24] 韩琳琳，张剑 . 跨境电子商务实务 [M]. 上海：上海交通大学出版社，2017.
[25] 刘显才，刘圣豪 . 移动互联网的营销时代 [M]. 北京：北京工业大学出版社，2015.
[26] 心一 . 行为经济学 如何避开日常消费的心理陷阱 [M]. 济南：山东文艺出版社，2018.
[27] 刘国华，苏勇 . 新零售时代 打造电商与实体店融合的新生态 [M]. 北京：企业管理出版社，2018.
[28] 袁国宝 . 网红电商 移动互联网时代的内容电商转型新生态 [M]. 北京：人民邮电出版社，2017.
[29] 鲁金萍，许旭，黄向前 .2020 年下半年中国信息化走势分析与判断 [J]. 网络安全和信息化，2020（08）:4–9.
[30] 李成钢 . 网络外部性下消费需求的自主性与从众性研究 [J]. 中国市场，2017（06）:12–13.
[31] 霍金斯，马瑟斯博，符国群 . 消费者行为学 原书 1 版 [M]. 北京：机械工业出版社，2015.
[32] 高帆 . 马克思的经济危机理论 [M]. 上海：复旦大学出版社，2014.
[33] 夏春玉 . 物流与供应链管理 [M]. 沈阳：东北财经大学出版社，2016.
[34] 高孟立 . 市场营销学 [M]. 西安：西安电子科技大学出版社，2018.
[35] 余永定 . 西方经济学 [M]. 北京：经济科学出版社，2002.
[36] 陈永伟 . 促进产业互联网快速发展 [N]. 经济日报，2018–12–11（009）.
[37] 倪卫涛 . 互联网 + 风口 实体经济和虚拟经济深度交锋 [M]. 北京：九州出版社，2016.
[38] 郭志光 . 电子商务环境下的信用机制研究 [D]. 北京：北京交通大学，2012.
[39] 冯登国，张敏，李昊 . 大数据安全与隐私保护 [J]. 计算机学报，2014，37（01）:246–258.
[40] 毛郁欣，赵亮 . 大数据时代电商伦理前沿问题研究 [M]. 沈阳：东北大学出版社，2016.
[41] 周延元 . 电子商务企业道德自律研究 基于唯物辩证法元层次视域 [M]. 西安交通大学出版社，2017.

[42] 孙宝文 . 互联网经济 中国经济发展的新形态 [M]. 北京：经济科学出版社，2014.
[43] 于洪 , 何德牛 , 王国胤等 . 大数据智能决策 [J]. 自动化学报，2020,46（05）:878-896.
[44] 税晶诚 . 大数据语境下基层市场监管方式的创新分析 [J]. 科技资讯，2019,17（07）:89+91.
[45] 李铭毓 . 信息消费的概念及发展综述 [J]. 管理观察，2019（05）:84-85.
[46] 夏李波 . 我国商业银行金融风险防控策略选择 [J]. 商场现代化，2019（03）:116-117.
[47] 杜鹏雄 . 大数据背景下市场监管智能化新举措分析 [J]. 现代营销（下旬刊），2019（01）:49.
[48] 李欲晓 , 邬贺铨 , 谢永江 . 网络安全法律体系的构建与发展 [J]. 网络传播，2018（02）:86-88.
[49] 范宇翔 . 大数据时代上海市场监管模式转型研究 [D]. 上海：上海师范大学，2017.
[50] 周洪美 . 构建“全国一张网”数据的支撑应用体系 [J]. 中国市场监管研究，2016（06）:33-34.
[51] 李永才 . 大数据语境下基层市场监管方式的创新实践 [J]. 中国市场监管研究，2016（05）:38-39.
[52] 《时代周报》编写组 . 大重构 互联网新经济 2008[M]. 广州：广东人民出版社，2018.
[53] 王微微 .“互联网 +”新经济背景下的市场营销 [M]. 成都：四川大学出版社，2018.
[54] 薛刊 . 经济发展转型与互联网金融思考 [M]. 北京：北京理工大学出版社，2017.
[55] 雷蕾 . 经济社会学视域下的互联网广告市场研究 [M]. 北京：中国传媒大学出版社，2019.
[56] 张养志，刘冰 . 经济学视阈下的互联网思维 [M]. 北京：文化发展出版社，2016.
[57] 程晓，邓顺国，文丹枫 . 服务经济崛起 互联网 + 时代的服务业升级与服务化 [M]. 北京：中国经济出版社，2018.
[58] 张赵晋 . 共享经济 互联网思维下商业模式的创新性研究 [M]. 长春：东北师范大学出版社，2017.